読みなおす日本史

比叡山と高野山

景山春樹

吉川弘文館

はじめに

比叡山寺《ひえいさんじ》と高野山寺《こうやさんじ》。そこには歴史的にも、宗教的にも共通した多くの性格がある。比叡山の開祖最澄《さいちょう》（のちの伝教《でんぎょう》大師）は天平神護二年から弘仁十三年（七六六〜八二二）、高野山の開祖空海《くうかい》（のちの弘法大師《こうぼうだいし》）は宝亀五年から承和二年（七七四〜八三五）まで、それぞれ在世して宗教活動をしている。

年齢は八歳のちがい。最澄は五七歳、空海は六一歳で入定《にゅうじょう》しているから、ほとんど活躍の実年代は変わらないわけである。最澄は近江《おうみ》の出身、空海は讃岐《さぬき》の出身、それぞれに土地のしかるべき名族の出身である。最澄は中国系帰化人の末孫で三津首《みつのおびと》姓、空海は佐伯宿弥《さへきのすくね》の出身で母方の阿刀《あと》氏はやはり帰化系氏族の裔と考えられている。

最澄は名を広野と呼び幼少から近江国分寺で学び、一五歳で得度《とくど》しており、一八歳で近江国分寺の僧帖に最澄の名ではじめて登録され、二〇歳で東大寺の戒壇で受戒している。

空海の幼名は真魚、少青年期については不明な点も多いが、ほぼ同じ年頃に阿波《あわ》の山々や土佐の室戸岬にあって苦修練行にみずから励んでいたといわれる。そしていつの頃からか三論宗の大家勤操《ごんぞう》大徳の門にあって正規の仏教学を学んだというが、明らかでないことも多い。

そして最澄がのちにみずからいうごとく、南都の学林にあったときすでに鑑真《がんじん》和上ら将来にかかる天台系典籍をみることによって、のちの法華経学《ほけきようがく》の基礎はこのときに作られていたのだとされている。空海もまた、虚空蔵菩薩求聞持法《こくうぞうぼさつぐもんじほう》を体得して、このときすでにのちの密教学へ開眼《かいげん》される基礎をなしていたといわれている。最澄が幼い時から正規のルートを踏んだ秀才学徒たるに対し、空海は青年期よりみずから山林に抖擻《とそう》する修験者《しゆげんじや》的な性格を多分に持つ人であったように思える。

この両名が片や入唐求法還学生《につとうぐほうげんがくしよう》として、片や入唐求法留学生《るがくしよう》として、延暦二十三年（八〇四）にはからずも遣唐使節藤原葛野麿《かどのまろ》の船団に乗って中国に渡ったということにも、同じ時代にやがて展開する平安新仏教を想うとき、その運命的なものを感じさせる。

最澄は台州の天台山と越州の龍興寺に登って天台学と密教学を体得し、空海は長安の西明寺《さいみようじ》を基点にして真言《しんごん》の教学を体得、また相前後して帰国している。

このころ最澄はすでに比叡山寺を興《おこ》していたし、空海は帰朝ののちにやがて高野山寺を開創することとなる。

最澄は比叡山をその位置より都の鎮護とし、諸国に六所宝塔院を建てて早く護国仏教の宝幢《ほうどう》をかかげているし、空海は神護寺《じんごじ》と東寺《とうじ》に真言の道場をひらいた上で、山深い高野を入定所として開創している。

ともに山岳仏教的な体質においては相似るところをもち、ともに山王と称する地主護法の神々を崇《あが》めているところにも相似したところが多い。論議といった法儀のメソッドを導入しているところにも相似点は多い。しかし最澄と空海の人間的な持ち味というか体質が、双方の教団のありようを異なったものにしている点が多いのは相対的だといえるであろう。

こうしたテーマをかかげて双方の山寺《さんじ》について、思うところを述べて相似性と相対性を見出して行きたいと思うのである。

なお、カラー口絵写真を拝借した延暦寺の小森秀恵師、また本文中に用いた多くの写真を提供してもらった前野隆資氏には厚く御礼を申し上げたい。

著　者

目次

1 比叡山寺

最澄の登叡と空海の入山

比叡に入る 最澄は延暦四年（七八五）の春、二〇歳で東大寺の戒壇において具足戒を授けられている。いわばこの年に僧侶としての国家試験に合格したわけである。そのことを証する史料が大原三千院に伝わる僧綱牒《そうごうのちょう》（国宝）である。このまま彼が近江国分寺へ帰り、近江の国師のもとで僧職についていたらその人生は全く別のものになっていたであろうし、また日本天台の開創やその発展も、おのずからちがったものとなっていたとおもわれる。人間の運命というものである。最澄は近江の国分寺僧として一人前の資格を与えられた年の七月、『大師伝』によると二〇歳の七月十七日、この多感な青年僧はただひとり飄然《ひょうぜん》と故郷の山にこもり、寂静の天地に草庵を構えて宗教的な思索の生活にはいったという。なにか思うところがあったにちがいない。人生への懐疑、宗教人としての悩み、理想と現実の問題、当時の教界の現実に対する失望、青年僧最澄が純粋であっただけよりいっそうに「人生これ不可解」といった思念をいだかしめたであろう気持ちはよくわかる。青年とはかく純粋であらねばならない。故郷の山の林相は深くその緑は濃い。はるかの湖辺にはなつかしいふるさともみえる。おそらく最澄にしてみれば戒牒を得た機会にこそ、多年の疑問をひとり静かに思いかえし、なんらかの解決と悟念の世界を得たいという気持ちでもあったのではないか。二〇歳といえばこんにちの教育過程でも大学生活のさなかである。真摯《しんし》な青年がいだく人生や社会への感懐が、昔も今も変わるはずはない。

『大師伝』には入山当時の状況について「松下岩上に蟬声と梵音の響を争い、石室草堂に蛍火して斜陰の光を競う。柔和善順にして心は卒暴ならず、みずから服餌の好みあることなし。また嗜味の食を絶ち、忍衣を披《ひら》きて法界を覆う」と叙述している。

空海が入唐求法の後帰ってきたのは、四二歳であり、そののちに高野山に入ったこととはおのずから人生体験はちがっている。空海はすでに神護寺において密の宝幢《ほうどう》をかかげ、東寺において密の道場を完成させていた。いわば人世のすべてを知りきった上での高野山入定であったこと、ここにも両山のもつ大きな出発点での相違が見いだせる。

誓　願　仁忠は最澄の入山について「延暦四年をもって、世間の無常にして栄衰の限りあるを観じ、正法《しょうぼう》おとろえて、人間に救いなきをなげき、心に誓願をこめて、身を山林にのがれんとし、その年の七月中旬、繁華の所を出離し、寂静の地をたずね求め、ただちに叡山に登りて居を草庵にしむ」と叙述している。そしてさらにつぎのような五つの誓いを立てたという。

第一　自分の修行の完成しない間は他人のことに口を出すまい。

第二　悟りをひらくことのできるまでは、修行以外に心をむけるまい。

第三　仏の定めた戒法が守れない間は、ほかの法会《ほうえ》には招かれても行くまい。

第四　一切のものに対して執着がなくならないかぎり、世間の一切のことにかかわり合うまい。
第五　これからの修行によって得る所の功徳《くどく》は、ことごとく生きとし生けるものにめぐらし、一切をあげて悟りの境地に至らしめよう。

と、そして

伏して願わくば、解脱《げだつ》の味、独り飲まず、安楽の果《か》、独り証せず、法界《ほっかい》の衆生と同じく妙覚に登り、法界の衆生と同じく妙味に服さん。

という強い誓いを立てているのである。

入山の後は毎日、法華経と金光明経を読誦《とくじゅ》し、また諸々《もろもろ》の仏典を求めて仏法の真意を求めつづけていたが、鑑真《がんじん》和上の将来した書物の中に、『摩訶止観《まかしかん》』『法華玄義』『法華文句《もんく》』の三書（いずれも天台大師の著述）のあることを知って以来、これをもって日本天台の三大部（基準のテキストとする意）とすることを早く定めている。のちに天台法華宗を開宗するに至る思想の源はすでにここにひらかれていたとみるべきであろう。のちに入唐して中国天台の直流である行満《ぎょうまん》（第七祖）や道邃《どうすい》から親しく法を授けられた最澄はいわば第八祖の直流に当るわけであるが、みずからは鑑真の直流なりとして第五祖であると宣言していることは、上述したごとくすでに奈良時代に日本へもたらされていた天台学の典籍にもとづいて、天台の法門にはすでに早く南都の学林に学んだ時からおのずから開眼されていたとする大きなプライドを示しているものでもある。その血脈を図示するとつぎのとおりである。

最澄の南都時代の師は行表《ぎょうひょう》であるが、行表は当時唐から来朝した道璿《どうせん》の弟子であり、道璿は当時すでに戒・禅・華厳《けごん》・天台の諸学を日本へ伝流した高僧であるから、最澄の天台学は前記の三著述とともにすでにここに芽ばえていたのをまず知るべきである。『新古今集』巻一九には比叡山にはじめて中堂を建立《こんりゅう》するときの最澄の歌詠として

阿耨多羅三藐三菩提《あのくたらさまくさぼじ》の仏たち我立杣《わがたつそま》に冥加《めか》あらせ給《た》べ

を載せている。比叡山中における最澄の草庵は当初は小堂が三宇並立しており、中央の堂に念持仏の薬師（『大師伝』には大師自作とされる）、向かって右の小堂には文殊、左の小堂を経蔵（書斎）としていたが、のちにこれを次第に拡大して中堂とし、円珍の代に至って改築しほぼいまの根本中堂の母型にまで到達するのである。初期の三堂併立する姿をさして、最澄はこれを比叡山寺と名づけている。のちの延暦寺のよって起源するところである。

『新拾遺和歌集』巻一七に「比叡山の中堂に始めて常燈ともして掲げ給ひける時」の最澄の歌詠として

あきらけく後の仏のみよまでも光つたへよ法《のり》のともしび

をかかげているが、新造の堂宇・本尊薬師の宝前にはじめて点火された法燈は、連綿として今日に至るまでいわゆる「消えずの法燈」として護持されてきているゆえんである。

高野山に入る　伝説による空海の高野入山についてはのちに詳しく述べるとおりだが、史料の上では空海はかねて少年の頃から自分の知悉していた南山の地、七里四方を自分に賜わらんことを発願している。弘仁七年（八一六）七月に太政官《だじょうかん》は空海の請願にもとづいてつぎのような書を紀伊の国司に送っている。

空地一処　在二伊都郡以南山中一曰二高野一

四至東西南北高山

東限二丹生川上峰一　南限二当川南長峰一

西限二応神谷一　北限二紀伊川一

そしてこの地域を、僧空海の請願にまかせて下賜せよと指令する官符であった。空海が高野の地を請うた時のことは、彼の著述である『性霊集《しょうりょうしゅう》』巻九には「於二紀伊国伊都郡高野峰一被二請乞入定所一表」として三百字余の表白文がのこされているので、空海の高野開創のこころをよく知ることが可能である。彼はみずからが表白するとおり、高野の地は早くから彼自身がこれを知っており、かねてからのあこがれの地であったということ、またすでに高雄や東寺で密教伽藍の経営を行ない、入唐求法して

比叡のやまなみ模型図

最新の密教学を将来し、両部曼荼羅《まんだら》による灌頂《かんじょう》の法をも完成した空海にとって、高野はそのいうごとく「入定の地」としてであったこと、入定とは宗教的にいえば心身の動乱を静め、一定の静止した精神状態のもとに思惟する禅念止観の世界をさすものであって、「我立杣《わがたつそま》」をもって新宗教開立の土台とせんとした最澄の入山とは根本的に異なった宗教的世界であったことをまず思わせる。最澄が入山したのは二〇歳（一説には一九歳）、空海の高野入山は宝亀五年生誕と逆算して四二歳の時であった。空海は承和二年（八三五）に六一歳で入定しているから、高野生活はおよそ二〇年近い年月であったことになる。最澄は弘仁十三年（八二二）五七歳（一説には五六歳）で入滅しているから、二〇歳からの山籠《さんろう》はおよそ三七か年に及ぶということになる。

比叡山の自然

やまなみ　比叡の山なみは図示したごとくおおよそ五つの主峰によって構成されている。いちばん高いのが大比叡《おおびえ》ヶ岳の八四八メートル、次峰が四明《しめい》ヶ岳の八三八メートル、この二つはラクダのコブのように双子《ふたご》山をなしてやまなみの南端にあり、ここから数キロ北方には釈迦ヶ岳（横高山）七五〇メートルと水井山七九四メートルの二つが、これも相並んで双子山を形成し、その前山として三石山六七五メートルがある。また大比叡ヶ岳の前には日吉《ひえ》神社の神体山たる牛尾《うしお》山（八王子山）も存在している。ほぼ分水嶺より西側が山城の国域、東側（琵琶湖側）が近江の国域である。二五〇万年ほど昔の地殻変動によって土塁状にとりのこされたやまなみであり、地質学者はこうした山を地塁《ちるい》山地と呼んでいる。花折《はなおれ》断層（西側）と琵琶湖断層（東側、瀬戸内断層の一部）との間にとりのこされたやまなみだということになる。京都の街からみると四明ヶ岳が前山としてせり出して高くみえるので、これを最高峰だと信じこんでいる人がとくに京都にはいまでも多いし、その形が三角形に美しくまた雄大にみえるので古くから「都の富士」などとも呼ばれてきたのはこの四明ヶ岳のことである。

冬は西北に当る丹波高原一帯にせり出して来る日本海の寒波が直接に比叡山へ吹きつけてくるので、ひどく寒い山である。京の底冷《そこび》えや近江の比叡颪《おろし》はともにこのやまなみが平地に及ぼす気象上の影響にほかならない。「洛中洛外図屛風」をみると東山連峰の北端（京の東北隅に当る）に「双子山《ふたごやま》」という注記を往々にみるのが比叡山を示しているもので、京の東北（艮《うしとら》・丑寅《うしとら》の方位）に当る、つまり都の表鬼門《きもん》に当る方位なので、古来この山をもって都の鬼門鎮護の山として重んずることになってきたのである。「都の富士」あるいは単に「山」といっただけで比叡山をさすことになるほど、京の歴史にはその位置が重要な意味をもちつづけてきたわけで、のちに比叡山寺（延暦寺）をもって鎮護国家の霊場に指定されることとなるゆえんでもある。「世の中に山てふ山は多けれど山とは比叡の御山をぞいふ」の古歌はそうした心をよくあらわすものといえる。

やまなみの全容は京都側からみることはできないが、近江側の湖畔、また少し遠いが琵琶湖の対岸、草津のあたりからみると、上述した山容の全貌をはっきりと視認することができるし、左にのびると三井寺《みい》から音羽のやまなみへ、右にのびると比良《ひら》連峰へのつながりなどもはっきりと認識することができる。ことに夕暮れどき、落日を負うた比叡連峰のシルエットを湖東平野の浜べにたたずんで眺めていると、大比叡の一日がいま静かに暮れてゆく荘厳な美しさに打たれることがある。山と湖とは刻々と変化の相をみせて暮れ果てようとする。

淡海《おうみ》の湖《み》夕なみ千鳥汝《な》が鳴けば
　心もしぬに古《いにしえ》おもほゆ

万葉の歌境はいまも充分に味わうことができる。

宗教の場としてのちにひらかれる比叡山の伽藍や僧坊の地は、しかし上述したような主峰群とはほとんどかかわりがない。その大半は近江側（東側）の斜面にあって、あちこちの尾根や谷間の平坦面をたくみに利用しており、その標高もだいたい六〇〇メートルから六五〇メートル前後のゾーンを占めている。いかにも山岳伽藍である。高野山のような大きな平坦面は比叡山には望めない、しかしそこにかえって面白い山岳性の伽藍群や僧坊群の構成・配置を見いだすのである。しかも自然地理の専門家の説によると畿内地方では六〇〇メートルから六五〇メートルの山岳地帯にはいちばんオゾンが多い、つまり空気がもっとも清浄でおいしいベルトゾーンなのだという。これは偶然のことながら比叡山の宗教地帯はこうした気象地帯を占めているのである。

論湿寒貧　大体しかし比叡山の気象は四季を通じて雨が多い。夏など京の街はカンカン照りでも、東北の山なみにはどんよりと雲が垂れ、また雷の名所としてここから来る夏の夕立は気をつけなければいけない。太平洋側から吹きつけるいわゆるモンスーン的な気象はおおむね多湿である。冬は日本海から来る寒波が丹波高原から直接に吹き当って来る。雪も多いし寒さもひどい。畿内では大体一〇〇メートル登れば約一度の気温差があるとされているから、伽藍地でやはり平地とは数度の差がある。これに風と湿度が加わると寒さは肌に数倍に感ぜられてくるのである。

しかし雨量が多いので、全山は鬱蒼とした樹林につつまれ、この林相がまた霊山としての高い品格をたもち、聖山としての静寂なふんいきをたもちつづけてきたわけでもある。

比叡山には古くから「論湿寒貧《ろんしつかんびん》」ということばがある。本坊の書院にもこの四文字は大きく書いてあった。比叡山におけるきびしいことを四つあげた詞である。寒と湿はすでに述べたいわばどうにもならない自然条件であり、論は論義の略である。比叡山教学の大きな柱の一つである法華経学を論義という問答形式できびしく仕込まれて行く研学の実態をさすものである。法華経の義（意義）を論（議論）ずること、いわばメソッドをさしている。貧は字のとおりだが、出家《しゅっけ》はすべて清貧に甘ずるの意と解したい。「湿気がひどくて、寒さのきびしい山坊に籠って、清貧に甘んじて、法華経の論義に精を出すべし」と解するならば、先師最澄の垂訓ともなろう。ただ苦しくいやなことばかり四つ並べたのだというような皮相な見解はとりたくはない。籠山一二か年、止観と庶那《しやな》の両業《りようごう》に精進するところこそ、学山に修行する僧侶の至高至大の心がけであることが、この詞にはこめられている。自然のきびしさも宗教の場として生かされているのである。

琵琶湖八景の一つに「煙雨比叡の樹林」がある。煙雲にこもる千古の老杉《ろうさん》が、史跡として、天然記念物として、また国定公園として比叡山の自然美とその環境は近代の中にもいぶきつづけているのである。

『近江輿地志略《おうみよちしりやく》』という近世の地誌には、上述したような比叡山の風土について述べた多くの文献を引用しているので若干を連記してみたい。

我山は花の都の丑寅《うしとら》に鬼入る門をふたぐとぞきく（『拾玉集』）

本那の七高山を載せたり、比叡山は其一也。此山麓より攀躋《はんせい》する時は五十町余有り、坂本より頂上大嶽まで直立すれば六町余なり（『拾介抄』）

叡山の雪誠に都の富士と謂ふべき也と、かくの如く都の富士といふを以て人或は山城の国なりと思へり非也（『管見記』）

鷲の山有明の月はめぐり来て我立杣《わがたつそま》の麓にぞすむ　慈鎮（『続古今集』）

鷲の山曇らぬ影を思ひ出て我立杣の月をみるかな（『慈鎮家集』）
幾春も我立杣に庵しめて山の甲斐ある花をこそみめ　公澄（『新御撰集』）
三の峰二の道をならべおきて我立杣の名こそ高けれ　慈順（『風雅集』）
頼もしな国を守れと誓ひおきし我立杣の峰の大寺　為家（『新撰六帖』）
我恋のあらはに見ゆるものならば都の不二といはれなましを　植通（『拾遺集』）
山の端もまたならびなき大岳にさこそは月の隈なかるらめ　寂蓮（『拾玉集』）

古来、比叡山の自然とその宗教を詠いこんだ歌詠は少なくない。

比叡山へ入るみち

最澄以前の比叡山　高野山の開創にも多くの説話が語られ、高祖大師を神秘化しようとする試みは多い。狩人（高野明神）による案内説、丹生《にう》明神からの神領拝受説、飛行三鈷《ひぎようさんこ》の神秘説といろいろあるが、最澄の場合は比較的そうした入山にからまる説話は少ない。

もっとも有名な話は唯一つ、入山に当って山麓の日吉社神宮寺（神宮禅院）へ詣で、香炉の灰の中から一粒の仏舎利を感得し、これをもって入山したという話、この舎利はそのうちに手彫りの薬師如来像の胎内に納められて、最澄の念持仏の精神（お正念《しようねん》）となっているという話、登山の途中で衣《ころも》をかけた衣掛岩《きぬがけ》の話などもあるが、その径路が当時の生活の路をたどって入っているところに現実性があり、神秘性は少ないのであろう。高野山ほど山が深くないからなのかも知れない。

最澄は日吉社とその神宮寺に詣でたのち、すぐ前を流れる大宮川沿いに上流をめざすのだが、おそらくここには杣路がひらけていたのであろう。またほかの記録をみると、このころ比叡の山中にはすでに前代以来修禅《しゆうぜん》を試みる者や修験《しゆげん》の者らが相当に出入りしており、ある種の宗教的な開発の手はのびていたものと考えられている。

近江側では比叡山脈の前山である日枝山《ひえのやま》を神体山として、すでに早くから古墳祭祀や農耕の儀礼に根ざす古代祭祀が行なわれていたことは、『古事記』に大山咋命《おおやまぐいのみこと》の鎮座として説かれているし、またよく引用される文献だが『懐風藻《かいふうそう》』の中に「藤原守碑叡山の先考の旧禅処に柳樹を詠ずるの作に和す」として、従五位下石見守《いわみのかみ》麻田連《むらじ》陽春の比叡山に関する五言律詩なるものも知られている。

近江ハ惟《コレ》帝ノ里、　裨《ヒ》叡《エイ》ハ寔《マコト》ニ神山ナリ、　山ハ静ニシテ俗塵寂《シズ》マリ、
谷ハ閑《シズカ》ニシテ真理ヲ専《モツパラ》トス、　於《アア》穆《ボク》タル我ガ先考、　独リ悟ツテ闡《ヒラ》ク二芳縁ヲ一、
宝殿臨《ノゾン》デレ空ニ構ヘ、　梵鐘入ツテレ風ニ伝フ、　煙雲方《マサ》ニ古《イニシエ》ノ色、
松《ショウ》栢《ハク》九冬ヲ専《モツパラ》トス、　日月荏《ジン》苒《ゼン》トシテ去リ、　慈範トシテ独リ依《イ》々《イ》タリ、
寂寞タル精禅ノ処、　俄ニ為ル二積草ノ墀ト一、　古樹ハ三秋ニ落チ、
寒草ハ九月ヲ恋フ、　唯《タダ》余《アマ》ス両《フタツ》ノ楊樹、　孝《コウ》鳥《ウ》朝夕ヲ悲シム。

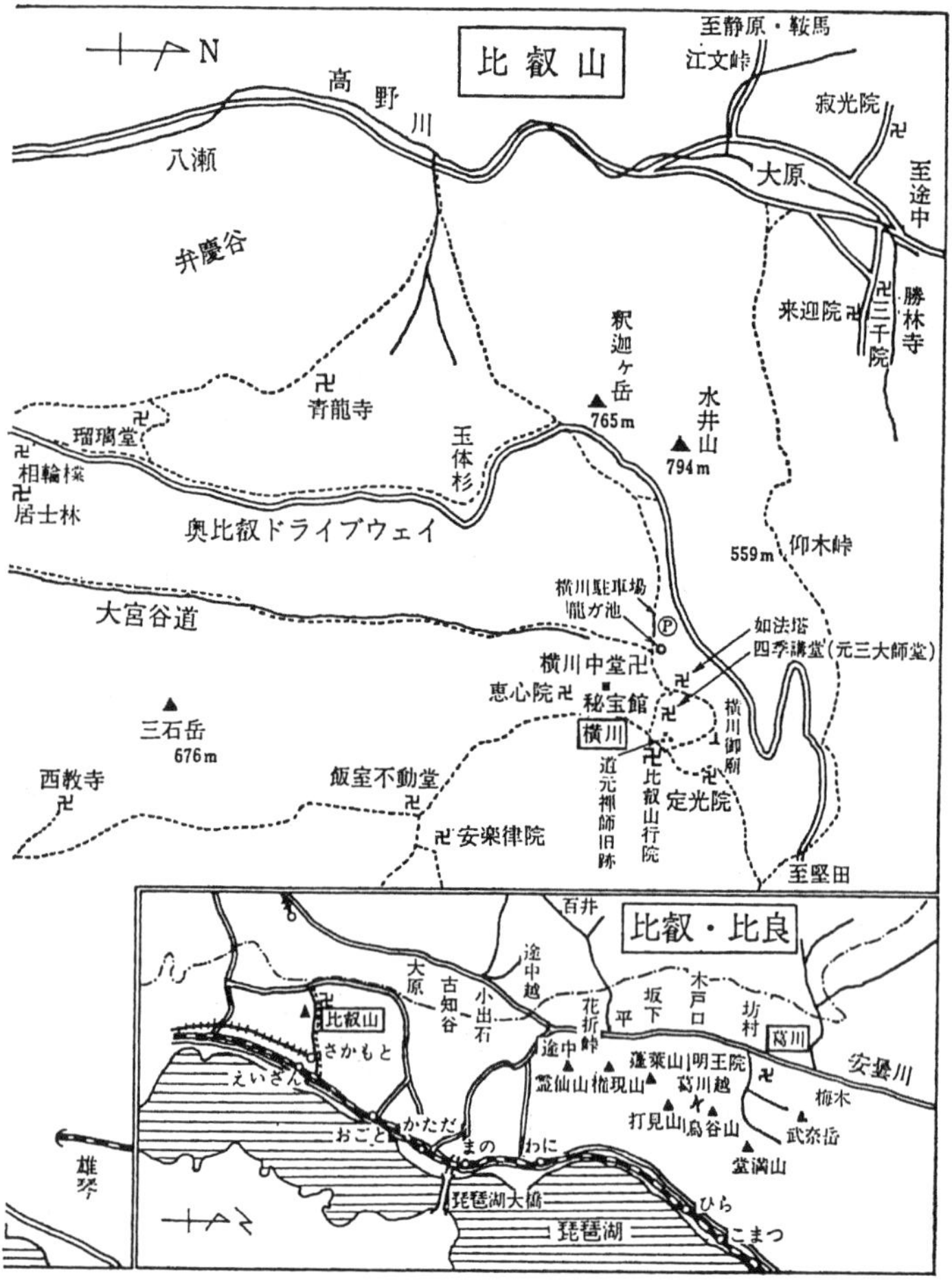
比叡山
N
至静原・鞍馬
江文峠
高野川
八瀬
寂光院
大原
至途中
弁慶谷
来迎院
三千院
勝林寺
釈迦ヶ岳
765m
水井山
794m
青龍寺
瑠璃堂
相輪樘
居士林
玉体杉
奥比叡ドライブウェイ
559m
仰木峠
横川駐車場
龍ガ池
大宮谷道
如法塔
四季講堂(元三大師堂)
横川中堂
恵心院
秘宝館
横川
横川御廟
三石岳
676m
西教寺
飯室不動堂
道元禅師旧跡
比叡山行院
定光院
安楽律院
至堅田
比叡・比良
百井
途中越
大原
古知谷
小出石
花折峠
平
坂下
木戸口
坊村
葛川
安曇川
比叡山
さかもと
えいざん
途中
蓬萊山
明王院
霊仙山
権現山
葛川越
梅木
打見山
烏谷山
武奈岳
堂満山
おごと
かただ
まの
わに
琵琶湖大橋
ひら
琵琶湖
こまつ
雄琴

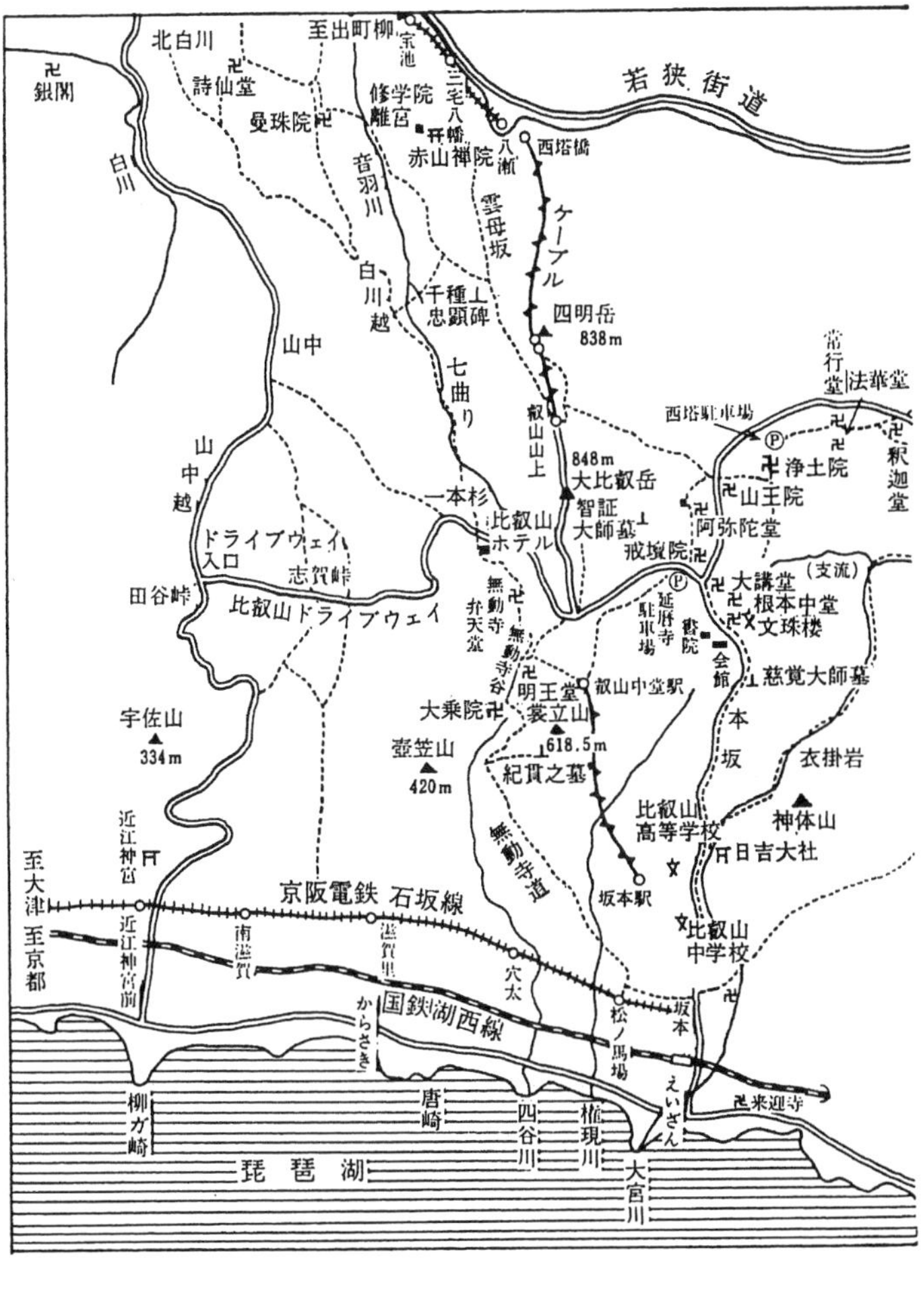
至出町柳
北白川
銀閣
詩仙堂
曼珠院
修学院離宮
赤山禅院
若狭街道
西塔橋
白川
音羽川
雲母坂
ケーブル
白川越
千種忠顕碑
四明岳
838m
山中
七曲り
叡山山上
848m
大比叡岳
常行堂
法華堂
西塔駐車場
浄土院
釈迦堂
山王院
阿弥陀堂
山中越
一本杉
比叡山ホテル
智証大師墓
ドライブウェイ入口
志賀峠
戒壇院
田谷峠
比叡山ドライブウェイ
無動寺弁天堂
延暦寺駐車場
大講堂
(支流)
根本中堂
文珠楼
会館
慈覚大師墓
明王堂
叡山中堂駅
大乗院
袰立山
618.5m
宇佐山
334m
壺笠山
420m
紀貫之墓
本坂
衣掛岩
神体山
無動寺道
比叡山高等学校
日吉大社
近江神宮
至大津
京阪電鉄 石坂線
坂本駅
至京都
近江神宮前
南滋賀
滋賀里
穴太
比叡山中学校
国鉄湖西線
からさき
松ノ馬場
坂本
来迎寺
えいざん
柳ガ崎
唐崎
四谷川
権現川
大宮川
琵琶湖

この詩は、すでに奈良時代のはじめに、藤原武智麿の先祖に当る者が、修業を目的とする禅所（草庵）を比叡の山中に営んでいたという事実を物語るものとされている。

大宮川沿いに神蔵滝《かみくらのたき》を経て登ると落合いから左の支流へととり、山上に達したというのである。この経路はいまも極めて楽な路であり、若干の改修を加えることによって自動車道（林道）としても使用されている道路である。

このほかに坂本からは権現川沿いに南谷へとりつくけわしい登山路もあるし、南端の穴太《あのう》から四谷川沿いに叡南《えなみ》（無動寺谷）へとりつく路もある。山上の伽藍が整備されるにつれて、登山路もしだいに整備され、登り口には門前町がひらけてくるというのは自然の成り行きであろう。もちろん西側（京都側）からも西坂本と呼ばれた修学院・一乗寺・赤山《せきざん》のあたりからりっぱな参道もつくられるようになる。北のほうへ行けば横川《よかわ》路や仰木《おおぎ》路、八瀬《やせ》口や大原口や走出《はせだし》口などといくつもの登山路はひらかれてくる。

登山路あれこれ　しかしどの登山路も麓から三合目ぐらいまで登ったところに「浄刹結界」を敷いて、女人牛馬そのほか不浄の登山を禁じ、また禁猟として放生《ほうじょう》の地ともしたことは、結界石の存在によって今日もほぼその位置を知り得る。

いちばんの表参道は東坂本から通じる本坂《ほんさか》である。後世に尾根を改修してつけたいちばんりっぱな路で、永い間にわたって坂本側の公式の参道でもあった。山上の伽藍地までは約四キロ、五十段とよばれるけわしい石段坂もあるが、登るのに約二時間、降りは一時間とはかからない。町石《ちょういし》もあってりっぱな路だったけれど、近年は使用しないので荒れ放題、相当な足まわりを構えて行かないと歩けない石ころ路になってしまった。

昔は何町かの急坂を登るごとに路傍に「やどり」（宿）と呼ばれる休息所があって、また一息いれて急坂にいどむ。夏など雷雨を避けるには絶好のものであった。正式にはこれを和労堂《わろうどう》と呼んでいる。ただの休み場所ではないわけで、一歩一歩山頂に近づく登行は一つの「行《ぎょう》」でもあった。一息一息は心につながる精進でもある。六根清浄《ろっこんしょうじょう》の心なのである。そうした心身のやすめ所としての「やどり」であることを忘れまい。本坂の三五町（約四キロ）の間には

樅木《もみのき》の宿《やどり》（粟坂霊石の東）
花摘《はなつみ》の宿（花摘社の東）
要《かなめ》の宿（花摘社の西）
花掛《はなかけ》の宿（悲田院旧跡の南）
天梯《てんだい》の宿（天梯ヶ峰の東）

山麓から山上へと五つの和労堂があった。六町（七〇〇メートル余り）ほど登ると休息ができたわけである。花摘社は表坂の女人《によにん》堂のあったあたり。要の宿は慈鎮和尚がここから琵琶湖をうち眺めその絶景を詠んだ歌、

唐崎の松は扇の要にてこぎゆく舟は墨絵なりけり

にもとづいているという。慈鎮和尚ならずとも確かにここからみる琵琶湖の景色はすばらしい大観である。

花摘堂は女人禁制時代における本坂の女人堂址である。本当の結界はもっと下方であるが、毎年四月八日だけ女人はここまでの登拝を許されたのだという。路のべの花を摘んでは御堂にささげ、はるかの山上に合掌して女人たちはここから下山していった。高野山には七つの登山口に七つの女人堂があったというが、比叡山ではここと、西坂本からの登山路と二か所しか女人堂はなかったようである。

登山路ではこのほか坂本の北端から横川へ登る路もけわしい。ここには和労堂が三か所もあったという。滋賀台地から仰木を経て横川へとりつく参道（いまは奥比叡ドライブウェイに半ばを吸収されている）もあった。

京都からの表登山路は上述した赤山口（西坂本）からの路である。雲母《きらら》坂とか勅使《ちよくし》坂などとも称し、西側のメインである。そのほか八瀬口・走出口・大原口などいずれも山上の西塔から横川のあたりへ導かれる登山路もあった。

雲母坂には和労堂も二か所、「而二門《しにもん》」から山頂へと入って行くが、横川の伽藍地近くには「不二門」があり、ここらにも女人堂があったかと推定せられる。

『梁塵秘抄《りようじんひしよう》』に

根本中堂へ参る道、加茂河は河氷みづし、観音院の下り松、ならぬ柿の樹　人宿《ひとやどり》、禅師坂、滑石《すべりいし》、
　水飲、四郎坂、雲母谷《きららだに》、太田袈裟の池、あこやの聖が立てたりし千本の卒塔婆

と詠われているのは、雲母坂を詠じたものであるが、「あこやの聖《ひじり》」が建てた供養《くよう》卒塔婆原《そとうばがはら》もあったという。高野山奥院のいまの墳墓群がもともとは卒塔婆供養から来たことは中世の記録や絵図にも明らかである。比叡山にも霊山を望んで許されるかぎり結界に近づいて、こうした民衆の滅罪供養信仰の場があったことがわかる。いまこの場所は明らかではないが四明ヶ岳の蛇《じゃ》ヶ池のあたりと推定しておこう。いくつかの登山路のうち主だったものを整理してみると次表のようになる。

径はいくつか、古い路も新しい道もある。緩急もとりどりで、距離が短いからといって必ずしも楽だというものでもない。ケーブルカーが通じ、いまはドライブウェイの全勢時代であるが

　わけ登る麓のみちはかわれども　同じ高
　　峰の月をみるかな

古歌の心にはいまもかわりはないはずである。

登山路	経路	距離	備考
本坂	坂本——東塔	三・五キロ	表参道
雲母坂	赤山——東塔	五・五キロ	裏参道・勅使坂
北白川坂	北白川——東塔	七キロ	
無動寺坂	坂本——無動寺	三キロ	
長谷出路	八瀬——西塔	二・五キロ	走出口とも書く
飯室坂	坂本——横川	五キロ	
大宮谷	坂本——横川	六キロ	
仰木坂	上仰木——横川	四キロ	

比叡山寺の規模と構成㈠

わが立つ杣　比叡山寺から執筆しなければならないので『古事類苑《こじるいえん》』の延暦寺の部をひらいてみた。資料をあさるためである。その項の初めには

延暦寺ハ、初メ比叡山寺ト称ス、近江国滋賀郡比叡山ニ在リ、桓武天皇ノ勅願ニシテ、天台宗ノ開祖最澄ノ開基セシ所ニ係リ、天台宗ノ総本山ナリ、本堂ハ山上ニ在リテ、根本中堂又ハ一乗止観院ト云ヒ、薬師如来ヲ本尊ト為ス、延暦七年ノ創建ニシテ、寺額ハ弘仁十四年、始メテ賜フ所ナリト云フ、往時ハ山上山下ニ多クノ堂塔伽藍アリテ、是ヲ東、西及び横川ノ三塔ニ大別シ、甚ダ繁盛ヲ極メシガ、元亀中、織田信長ニ攻メラレ、一山挙ゲテ焦土トナリシヨリ、豊臣、徳川二氏、相踵デ再興ヲ助ケシモ、遂ニ古昔ノ半ヲモ復スルコトヲ得ザリキ、山務ハ円融、青蓮、妙法、曼殊等ノ諸門跡、逓ニ座主トナリテ、コレヲ総理セシガ、徳川幕府時代ニ至リテハ、別ニ滋賀院門跡アリテ、輪王寺宮此ニ住シ、亦座主ニ補セリ、

となかなか明快に一〇〇〇年の歴史が要約されているので、はじめにかかげて、まず参考に供しておくことにしたい。

日吉の神宮禅院に詣で、前述した大宮渓路をたどって山上の虚空蔵尾《こくうぞうのお》に到達した最澄は、まず草庵

を築き、念持の薬師仏（『大師伝』では霊木を得て自刻したものだと伝える）を安置し、四恩奉謝の心をもって、法華経と金光明経と大般若経を読誦し、また誓願を発して、みずからは衆生と国家のために殉じて、ここに理想の仏国土を実現することを誓っている。これを四誓の弘願《こうがん》と呼ぶが、比叡山寺として宗教的理想のめばえはとにかくここに求められる。

のちにこの小堂の左右にほぼ同形の小堂二宇を並べ、左方の堂には文珠菩薩を、右方の堂には経典をおいて書斎とした。この三堂の併立という形がのちの根本中堂の基礎となるわけである。堂が出来上がると最澄は「阿耨多羅三藐三菩提《あのくたらさまくさぼじ》のほとけたちわが立つ杣に冥加あらせ給べ」と宣言している。以来この「わが立つ杣」という詞は比叡山寺の代名詞となるのである。

『山門堂舎記』に引用されている「比叡山寺資財帳」なる記録にはこの三小堂について

葺檜皮　五間　文珠堂　長三丈三尺　広一丈六尺　高一丈二尺
葺檜皮　五間　根本薬師堂　長三丈　広一丈五尺　高一丈二尺
葺檜皮　五間　経　蔵　長三丈三尺　広一丈六尺　高一丈二尺

右のように記し、ほぼ同じ大きさの建物が三つ並んだ情景が目にうかぶ。五間《けん》というのは柱間が五つという意味だから柱は六本ということになる。一丈はおよそ三メートル余であるから、長（たけ）三丈といえば約九メートル余、広（幅）が一丈二尺といえば約四メートル、棟の高さが約五メートルということになる。小堂とはいうものの割合に大きな建物で、すでに草庵のごときものではなかったこ

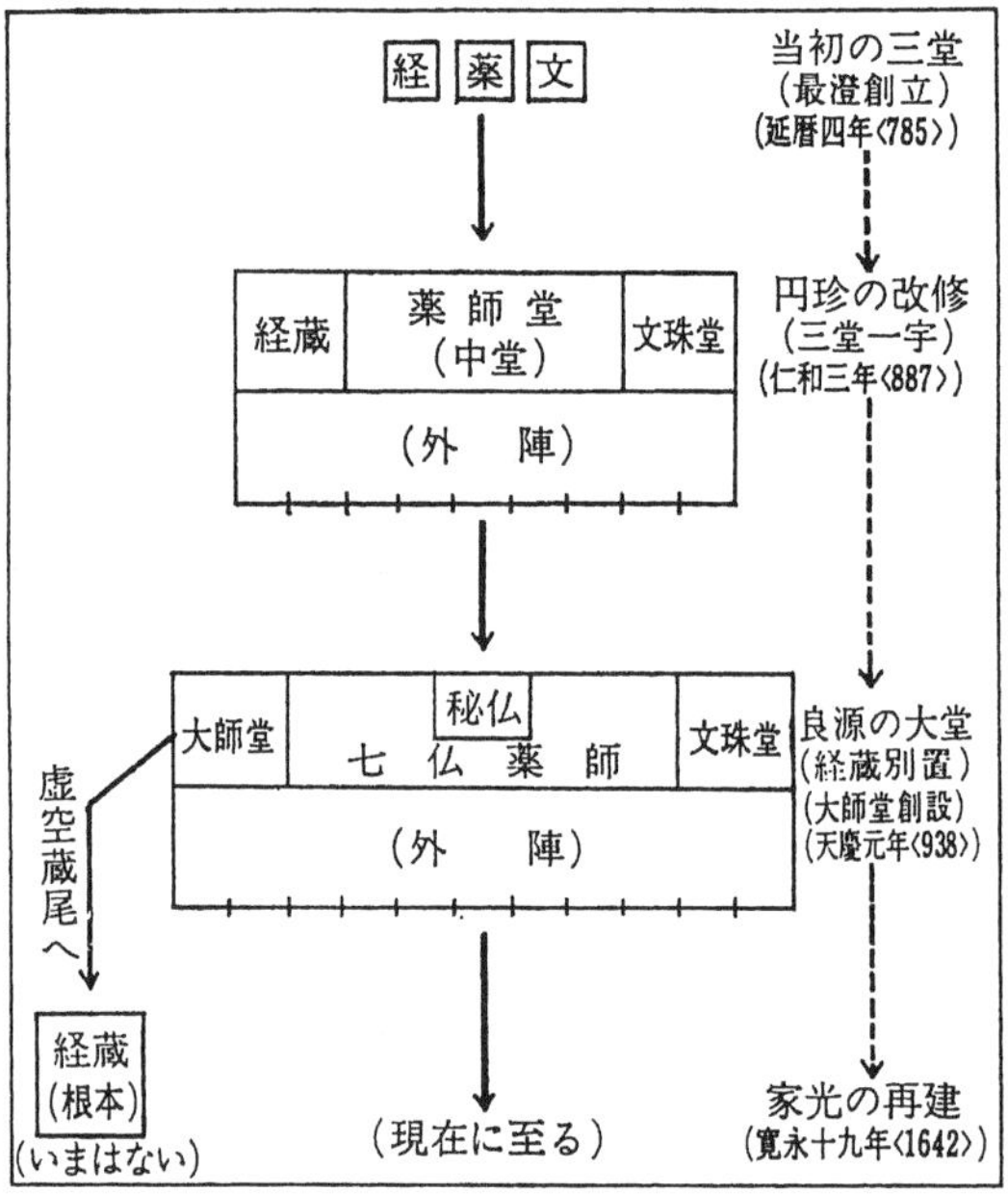

一乗止観院変遷図

とがわかる。

『九院仏閣抄』という本には、最澄が建てた初期の三堂がいたんできたので、およそ八〇年を経た円珍座主《ざす》のとき、これを改築することになり、「九間四面」の大堂にこれを拡大したという。九間四面というのは正面の柱間が九つ（柱はつまり一〇本）、そして四方に一間ずつの廂《ひさし》のついた建物ということで、当初の三堂の精神はそのままこの大堂の内陣に三つの大きな区画として組み込まれて、一乗止観院はここに新しい一つの転機を迎えることとなったのである。そして今日の根本中堂（一乗止観院）の原型が出来上がった時点だといえる。この堂はそののち良源座主（第一八代）の時にもう一まわり大きく改築されており、また堂内にあった経蔵はこれを虚空蔵尾に別棟として新造して貴重な書物などを火災から守り、保存の安全を期することとなったのである。おそらく後に述べる最澄の入唐求法によって将来された貴重な典籍類はみなここに集められていたにちがいない。ここは一名を止観院経蔵とも呼んだことは、いま延暦寺に所有する『羯《かつ》磨金剛目録《まこんごうもくろく》』（国宝）に止観院経蔵の名が出ており、ここに収納した品々の断片が誌されているのはこの経蔵をさしているものと思われる。良源は根本中堂内の経蔵の跡には宗祖の影像をおいてここを大師堂と呼び、御影堂《みえいどう》や開山堂のような性格をもたせているが、その伝統は今日に至っている。

当初の三小堂から円珍の中堂へ、そして良源の手になる大堂へと一乗止観院の変遷を図示するとうえのような経路で変貌をとげてきたことがよくわかる。

七仏薬師などの造進で安置仏像もふえるので中堂の部分はしだいに大きくなるが、大師の念持仏はいまも秘仏としてその中央に安置されつづけている。

六所宝塔院　最澄は中国の求法から帰るとまず六所宝塔院造立の大願を発している。日本国の東西南北と中央を安鎮し、さらにそれらを総括して六つの宝塔を建てることを発願する。「弘仁九年六所宝塔院願文《がんもん》」（『比叡山寺僧院等之記』園城寺所蔵　重要文化財）によると

安東　上野宝塔院　上野国緑野郡に在り
安南　豊前宝塔院　豊前国宇佐郡に在り
安西　筑前宝塔院　筑前国に在り
安北　下野宝塔院　下野国都賀郡に在り

安中　山城宝塔院
安国　近江宝塔院

巳上の両宝塔は比叡峰に在り

とみえるごとく全部で六か所、各塔には一千巻ずつの法華経をおいたという。そしてその功徳は、「陰陽応節」「風雨随時」「五穀成就」「万姓安楽」「紹隆仏法」「利益有情」の諸願が未来永劫《えいごう》に達せられることを発願している。日本国の中央部と東西南北を安鎮し、さらにそのすべてを統括して安鎮する、しかもその思想のすべてが法華経の功徳にもとづくことを述べ、その中心に比叡山を据えている彼の思想は、いわば初期の比叡山寺は日本の中心、天台的な世界観にもとづく「須弥山《しゅみせん》即比叡山」とみる一大理想の教団をここに築こうとする抱負といったものがほのみえる。そして法華経の教学にもとづく大乗仏教の教団をこの国土にはぐくもうとしている最澄にとっては、のちの護国仏教・鎮護国家の道場といったものを志向し、発展する素地がすでにここにおかれているのを感じとるのである。そしてこの近江宝塔院がのちの東塔院（のちに円仁の手によって真言の道場とされ、法華総持院と呼ばれるようになる）となり、山城宝塔院はのちの西塔院（のちに法華宝幢院と呼ばれる）の大伽藍へと発展することとなるのである。

この思想の根本は南都東大寺と諸国国分寺との間に打ち立てられていたピラミッド型の教団構成・思想構成をなしていた奈良仏教の制度を、いわば法華経学の理想におきかえたともいえるものであっ

九　院	十　六　院	別　称	備　考
一乗止観院	根本大乗止観院		
	一行三昧院		のちの文殊楼院をさす
	法華三昧院	半行半座三昧院	四種三昧堂の一
	般舟《はんしゅ》三昧院	常行三昧院	〃
	覚意三昧院	非行非座三昧院	〃
	東塔院	法華千部東塔院	近江宝塔院にはじまる
戒壇院	菩薩戒壇院	法華戒壇院	大乗菩薩の戒壇
総持院	法華総持院	法華仏頂総持院	円仁により東塔院とあわせて大伽藍とされる
浄土院	法華浄土院	法華清浄土院	のち大師廟となる
四王院			
八部院			北谷妙見堂
山王院			西谷千手堂ともいう
定心院			
	護国院	法華護国多聞院	計画のみで建立されず
	根本法華院	根本法華知見院	〃
	禅林院	法華清浄禅林院	〃
	脱俗院	法華清浄脱俗院	〃
	向真院	法華清浄向真院	〃
西塔院	西塔院	法華千部西塔院	山城宝塔院にはじまる
	宝幢院	法華延命宝幢院	いま相輪樘

て、この国土に新仏教を打ち立てようとする、壮大なパイオニア精神ともいったその思想構成には圧倒されるものがある。

九院・十六院　上述した諸施設をもってまず比叡山寺における初期の伽藍とみるべきであろう。しかし最澄における理想の「寺づくり」は、さらに比叡山に「九院」「十六院」の仏閣を造立することをすでに発願《ほつがん》しており、これらの名前は前掲の弘仁九年の『比叡山寺僧院等之記』に明示されているので、いま九院・十六院の名を抄出して表示してみると右表のごときものとなる。

この表でもわかるとおり十六院には九院の一部がふくまれているわけだから九院を除けばのこりは十一ヶ院、しかもそのうちの五つはついに建立をみなかったのである。そして九院のうち八院までは東塔に、十六院のうち十四院までが東塔で、西塔は二院のみ、初期における大師の全山企画にはまだ横川（北塔）の名は現われてきていない。

最澄の入唐と空海の入唐

入唐求法還学生　七世紀から九世紀にかけて朝廷は唐に公式の使節を送りつづけてきた。制度文物を唐に学び、学問芸術を彼の地に求めんがための使節である。これを遣唐使という。これより前に遣隋使が四度あるからこれをうけた国策であったといえる。遣隋使の発遣は中国の制度文物に学ぶところが多く、留学生や留学僧らのもたらす新知識とともに、わが国の文化の発達、とくに大化改新の推進に貢献するところが少なくはなかったといわれている。遣唐使は舒明天皇の二年（六三〇）から寛平六年（八九四）までの二六四年間に一九回の使節下命はあったが、無事に渡海し得たのは一五回となっている。大使・副使以下留学僧・留学生などあわせて総勢は一〇〇名から多い時には二〇〇名を超える場合もあった。

最澄は延暦二十一年（八〇二）の春に高雄山寺でひらかれた法華経の説法に出講し、善議・勤操・修円・道澄といった南都教学の碩学を前にして法華三大部を公表して、その学殖を天下に公表しているが、この発表によってその才智を認められ、翌二十二年の春には「入唐請益《しょうやく》天台法華宗還学生」として入唐の許可を得ている。還学生というのは短期の求法僧であり、大体その随行した遣唐使の船便でまた帰国するべきことが条件とされていたようなので、半年ないし一年ぐらいしか在唐は許されないわけである。彼は遣唐大師藤原葛野麿の船団の一員として、延暦二十三年七月六日に肥前松浦から出帆している。五十余日にわたる渡海の労苦をかさね、九月一日に明州鄞県（いまの浙江省寧波《ニンポー》）に着いている。中国は貞元二十年（八〇四）で時に最澄は三八歳であった。

遣唐使らはただちに首都の長安に向かったので、ここで別れて最澄は台州に向かい州の長官陸淳らの協力によって天台山に登り、ここで道邃や行満といった中国天台の碩学について直接の求法を行なっている。ここでは多くの写経生を動員して、短い期間ではあったが一二八部（三四五巻）にのぼる経典や図像を入手している。天台山における求法は最澄がかねてからもっとも興味をいだいていた法華経学であり、その実りは大きいものがあったと思われる。そしてのちに比叡山寺の重要な学流となる止観業への基礎がこの時に打ち立てられたのであった。そのほか天台山では禅に関する修得も深めており、『台州請来《しょうらい》目録』の中には双方の学績を示す書物が将来されている。

『天台霞標《てんだいかひょう》』という書物によると、最澄はこの天台山では天台第六祖荊渓《けいけい》大師湛然《たんねん》遺愛の品々を受領している。まず天台山の禅林寺では行満から付法の印信とともに荊渓大師の袈裟《けさ》一領、大師自筆の法華経、大師所用の帽などをうけたと伝えられている。先年延暦寺の文化財調査によって、糞掃衣《ふんぞうえ》と呼ばれる二五条袈裟と刺納衣《しのうえ》（キルティングした防寒着）がみつかり、いずれも唐時代の織成品と確認されてただちに国宝に指定されているが、袈裟の縁には「荊渓和尚鎮納仏隴《ちんのうぶつりゅう》供養」の墨書もあって当時の将来品だと鑑定されている。『台州請来目録』の原本は元亀兵乱（一五七一）までは山上に伝存していたがいまはない。いまでは東寺観智院に伝わる寛治五年（一〇九一）の古写本が、いちばん原本に近い善本としてその内容を知ることができるのである。その内容は法華・止観・維摩《ゆいま》・禅門・涅槃《ねはん》・天台・雑《ざつ》の諸部にわかれ、上述した一二八部（三四五巻）の書目と法具などの名称が列記され、巻末には台州長官陸淳の印可（許可証印）が書き誌されている。

天台山の求法が終わったが遣唐使はまだ長安から帰っていなかったので、最澄はその間を利用して越州に入り、龍興寺と法華寺に登り、順暁阿闍梨《あじゃり》から真言学を学び、血脈相承の印可（いわば免許皆伝に当る）を得ている。

Ⅰ善無畏――Ⅱ一行――┬Ⅲ順暁――Ⅳ最澄
金剛智――不空――――┘

その法流は右のごとく真言四祖の名誉ある血脈を得ている。この時に学んだ真言学が、のちの比叡山寺における遮那業《しゃなごう》と呼ばれる密教（台密学）系の学流となって発展することとなるのである。越州では一〇二部（一一五巻）と密教法具を得ているが、『越州請来目録』は原本がいまも国宝として比叡山に伝存している。その奥書は「大唐貞元二十一年歳次乙酉二月朔辛十九日乙未、日本国比叡山寺求法僧最澄録」とあり、越州長官であった鄭審則《ていしんそく》の自筆印可状が書き加えられ、州の官印をおし、さらに末尾に入唐大師らの署名と官印があるという当時の公文書の様式を具備したものである。

入唐求法僧　空海も実は最澄と同じ遣唐使の船団に乗っていたのであるが、最澄がすでに早く二〇歳で正規の度縁戒牒《どえんかいちょう》を得ていたのに対して、空海はこの渡唐に際してはじめて度牒が交付されたようである。石山寺に蔵する「空海度牒」には

大政官符　治部省
留学僧空海　俗名讃岐国多度郡方田郷戸主正六位上佐伯直道長戸口同姓真魚
右去延暦廿二年四月七日出家□□□□□
承知□□度之　符到奉行
従五位下守少弁藤原貞副
左大史正六位上武生宿弥真象
延暦廿四年九月廿一日（全面に太政官の印あり）

とあって、この時に正しい戒牒をおおいそぎで得たようである。入唐のための資格として必要であっ

たのだろう。時に空海は三一歳、最澄は七歳の年長であった。

還学生は一家をなした者が請益僧《しょうやくそう》と呼ばれて、いわば短期の視察と求法をなすものであり、留学生は長期間滞在して実際に研究学習する者で、資格からすれば還学生のほうが上位に位する者であったことは、この場合の最澄と空海の関係を考えてみても歴然としているわけである。最澄の正式の派遣名称は「入唐請益天台法華宗還学生」となっており、訳語《やくご》（通訳）僧義真をともない、さらに円基・妙澄という二人の留学生をともなっていたから、空海はまず最澄の弟子と同格といったところであった。

最澄は肥前の松浦から第二船に乗っており、第一船には難破から空海が求法僧として乗っていたのである。まことに平安初期仏教にとっての運命的な出来事であったといえる。第一船は三〇日の渡海で貞元二十年八月十日に福州長渓県の赤岸鎮に接岸し得ている。ここから福州へ回航したが州の長官らは上陸をこばみ、幾多のトラブルが起こるが、この時空海は遣唐使にかわって書状を作り、遣唐の大命と求法の使命を縷々《るる》開陳し、海波難航して福州に来《きた》ったゆえんを説明し、これを州の長官閻済美《えんさいび》に送っている。この書状の文は『性霊集』巻五に「為大使与福州観察使書一通」として全文がのこっているが、とにかくこの名文名筆の表によって上陸は許可せられ、大使も無事にその任を果すことになるのである。

つづいて空海は福州の長官に宛てて「与福州観察使入京啓一首」（『性霊集』巻五に所収）を書き、

みずからも求法のために長安の都に入京したき由を訴えている。

長官藤原葛野麿は使命を果して貞元二十一年二月に長安を辞し、五月十八日に明州から帰国の出帆をするが、この帰国の便船に上述した最澄は乗船し六月五日に対馬に帰着している。空海は長期留学僧であったからそのまま長安にのこっているが、三筆の一人として空海とともに有名な橘逸勢《たちばなのはやなり》も同船し、またともに長安に居残って勉学をしているし、のちに三蔵法師の名を得て中国で訳経のことに従事した近江の僧霊仙《りょうぜん》もまた同行であったと伝えられている。霊仙はそのあまりの才智の故に疎《うと》まれて、のち彼地で毒殺されるという運命をたどる人であるが、とにかくこの遣唐船はいろんな意味で運命的な人々を乗せた一行であったわけである。最澄と空海が同じ道を求める間柄でありながらなぜ相会うことがなかったのか。いろいろと説はあるけれど、最澄は早くから肥前で船待ちして第二船に乗っており、空海は大使らとともに難波の港から第一船に乗っており、またこの一団は玄海灘で大時化《おおしけ》に遭遇し、いわば船団ばらばらで彼の地にたどりついたという実情、それに最澄が長安の地をたずねていないということ、まことに御両人にとっても運命的なことであったといわなければならない。

長安に残留した空海は西明寺に住居して諸寺を歴訪して多くの学匠を訪ねつつ本格的な勉学に入っているが、彼の止住した西明寺には早くから留学していて入れ替わりに帰国した永忠《えいちゅう》も留学しており、空海はその後釜のような形で処遇されている。

長安の青龍寺に学僧恵果《けいか》を訪れたことは、空海をして以後の学問を真言密教の徒たらしめる運命となるのである。恵果は密教を中国に伝えたインド僧不空《ふくう》の高弟であり、当時の長安では真言の最高権威者でもあった。

善無畏、金剛智、一行、不空そして恵果、その血脈は空海へと流れて来る。善無畏、金剛智、一行、不空いずれもインド僧として中国に真言密教をもたらした高僧であり、恵果はまずこれをうけた中国僧としては第一世である。この五人に龍猛《りゅうみょう》と龍智《りゅうち》を加えて真言七祖とするが、日本ではさらに空海を加えて真言の八祖とする、三国伝来の教学たるゆえんである。血脈を表示すると

恵果が空海に会ったのはその最晩年であり、「われ先きより、汝の来るを知り、相待つこと久し、今日相まみゆること、大いに好し、大いに好し、報命つきなんとするに付法に人なし、必ず速に香花《こうげ》を弁じて、灌頂の壇に入るべし」（『大師伝』）といった次第で、さっそく付法の印信を授けている。まず同年六月には胎蔵界《たいぞうかい》の大法を授かり、つづいて七月に金剛界法をうけ、八月には伝法阿闍梨位灌頂というわけでここに皆伝となり、両部曼荼羅・聖教・道具法物のすべてを相承してしまっている。そして師恵果はそののちまもなく没している。まことに奇瑞《きずい》というか奇遇というか、幸運な求法であったといわなければならない。

こうしたやや伝説めいた求法の話は最澄にも、のちの円珍にもあるが、最澄の場合は天台山のあけ

ずの経蔵の鍵をはからずも最澄が所持しており、天台大師直伝の秘庫を開いたということで、彼は天台大師の再来とまでいわれたのだとされている。いま比叡山にはこの時に用いたという八舌鍵《はちぜつのかぎ》なるものが伝存して、説話を実話化しているものもある。双方ともまことによく似た話だと思える。

空海は二〇年間くらいの在唐を覚悟してきたのだが、彼のもっとも望んでいた真言密教の求法がはからずも恵果の力によってすみやかに達成され、また師のすすめもあったので、まもなくやってきた遣唐使高階遠成《たかしなとおなり》の便船を得、先にも述べた橘逸勢もともどもに帰国することになり、永貞元年（八〇五）正月に長安を後にして、この年（日本年号は延暦二十四年）の十月に日本へ帰着している。いま東寺に伝存する真言祖師画像（国宝）のうち五祖の画像はこの時に聖教法具とともに将来された唐本だといわれている。この時の『御請来目録』には経典一四二部二四七巻、梵字《ぼんじ》真言等四二部四四巻、論疏等三二部一七〇巻、図像等一〇点（この中に上記の真言五祖像もはいる）、道具九種、阿闍梨付属物一三種となっている。空海の将来目録としてはいま竹生島宝厳寺《ちくぶしまほうごんじ》本が空海自筆本として国宝に指定され、東寺本は最澄の筆写本としてこれも国宝に指定されている。

比叡山寺の規模と構成(二)

『天台法華宗年分縁起』　遣唐大使藤原葛野麿の船団に便乗して最澄が帰国したのは、延暦二十四年

（八〇五）六月である。前年の九月に明州へ上陸しているわけだから約一〇か月間の求法の旅であったことになる。台州からの将来品や越州からの将来品を正規の将来目録に編成し、求法の復命を終えると、彼はこれらの品々を前述した止観院の経蔵におさめ、わずかのあいだではあったが、唐土の碩学や大徳について体得してきた天台学や禅や真言などの研究態勢を立てて、六所宝塔の理想の実現に向かって本格的な努力をはじめることとなる。目的はこの機会に天台法華宗を天下公認の教団とすることにあったが、まずその手初めに年分度僧《ねんぶんどそう》（一年間の僧侶の定員）の増加を願い出ている。入唐の折に『天台法華宗求法僧最澄』としてその一宗はすでに認められていたわけだが、教団の公認といった段階にはまだ立ち至ってはいなかったのであろう。そこで帰朝の翌年正月に上表文を書いて、南都の六宗にならぶ天下の一宗として公認されたことの官許を得るために上表文を作っている。その写本がいま国宝として延暦寺には伝わっている。『天台法華宗年分縁起』一巻がそれである。その首題は「将に絶えなんとする諸宗を続けんがために、さらに法華宗を加えることを請うの表」というもので、「衰退した南都六宗を振起し、この国土において仏法が滅することのなきようにするためには、天台法華宗をこの際、天下公認の一宗としてみとめていただきたいお願いの文書」といった意味である。この文書は南都の僧綱《そうごう》に諮問《しもん》されたところ、大法師勝虞《しょうぐ》らの僧綱も南都六宗がすでに昔日の力のないことを自覚し、また新進の最澄に対する信用もあって、その願いのすじはさっそくに許可されるべしと進言している。そして太政官符をもって天台法華宗のために年分度僧二人をとりあえず認可する旨を公布している。そしてまたつづいてもう二人の許可が下りるが、それは「さらに法華宗年分二人を加え、諸宗の度者の数を定むるの官符」として下されている。延暦二十五年（八〇六）正月のことであった。

新興の比叡山寺・天台教団としてはこの二人の年分度者のうち、一人には大毘盧遮那経《だいびるしゃな》を専攻せしめ、もう一人には摩訶止観を専門に研究させることを定めている。前者は密教学専攻、後者は顕教学専攻というわけである。最澄が比叡山教学の二本の柱として遮那業《しゃなごう》と止観業《しかんごう》を末永く打ち立てた起源はここに発している。

そしてとにかく天台教団は発足した。年分度者の公認、山上伽藍の創建といった基礎づくりの完成である。

『天台法華宗年分学生名帳《がくしょうみょうちょう》』（国宝）という文書がある。大同二年（八〇七）から弘仁九年（八一八）に至る一二か年間、比叡山の年分度僧として割り当てられた毎年二名ずつ、計二四名の名簿である。これは最澄自筆の文書であるが、よく読んでみるとその実績は実際にはあまりかんばしいものではなかったことがわかる。そこには最澄の後をうけて実質上の後継者であった光定《こうじょう》や三代目の座主となる円仁らの名前ももちろんみえているが、遮那業を修めた初期四か年間をみると全員四人のうち僧光戒は興福寺へ、僧光智は西大寺《さいだいじ》へ、僧光法は元興寺《がんごうじ》へ出奔して、光定だけが比叡山に踏み留ったことになっているし、止観業を修めた四名からも僧光忠は死去、僧光善は西大寺へ、僧光秀は興福寺へと出山した由が誌されている。せっかく国費支弁の学生として比叡山に迎えられながら、そして法華経学や密教学を修得しながら、山上の止住をきらってこのように他山へ、しかもそのほとんどが南都の諸寺へ出奔するというのが実情であった。これはせっかく法華大乗の教学をさずける天下公認の一宗とはなったけれども、僧徒に最終の仕上げともいうべき戒律を授ける壇（戒壇）をもっていないという比叡山の弱身をさらけ出したものであって、いうならば比叡山の学林で修学しながら南都の東大寺の戒壇で戒律を授けられなければならないという矛盾が、学生たちを不安ならしめていた実情を物語るものなのである。学生名帳にはこの後八年間の学生たちの動向が詳《つまび》らかに誌されているが、大同小異の惨憺たる実情をさらけ出している。この名簿を記す最澄の胸中にはおそらく理想と現実の間に立って苦しむ開拓者の、たえがたい心情が去来していたにちがいない。

山家学生式　『天台法華宗年分縁起』の中には有名な「山家学生式《さんげがくしょうしき》」も入っている。比叡山に修学する学生（若い僧徒）らのいわば就学規則・修学心得といったものだが、そこには最澄の理想がまたそのまま吐露されているわけである。山家学生式はまた六箇条から成り立っているので一名を六条式とも呼ぶが、その第一条には得度の年にはまず梵網経《ぼんもうきょう》にもとづく戒律を守ることを強く教えられ、一二年間は比叡山の結界を出でず、止観業か遮那業かのいずれかを深く究めることを要求している。

第二条では止観業の専攻者には毎日、法華経・金光明経・仁王経といった「護国の経典」を読誦せしめ、また講義するといった内容を定めている。

第三条では遮那業の専攻者には毎日、遮那経・孔雀経・不空経・仏頂経などのいわゆる「護国の真言」を研究することを定めている。

第四条はこのいずれかの専攻を修め道心を体得し得た優秀なものはこれを「国宝」とし、それにつぐ者は「国師」または「国用」といった資格を与えて、その分才に従って国家のために役立つ人間となることを要請している。

第五条は国宝クラスの人間はいわゆる菩薩僧として山上に止住し、後輩の育成に当ることを要請し、第六条では国師・国用クラスの僧は山を下り、国司または郡司のもとにあって地方で秀才の訓育につとめるように要請し、単なる宗教人の養成ではなくて、天下国家に有用な人間育成を初期天台教団は大きな目的とするものであることを明示している。秀才・英才・逸材を養成し、国家や地方の要請にこたえ、また天下はその徳に化せられておのずから国治まることを理想としていた抱負をうかがい知ることができる。

とくにこの六条式の序文には、天台法華宗は国宝・国師・国用の人材を養成することを目的としているので、従来のような教学では小乗的・自我的な出家律をもった人物はできても、大乗菩薩僧ともいうべき人間は育成し得ないとし、「国宝とは何物ぞ、宝とは道心なり、道心ある者を名づけて国宝となす」といい、また「一隅を照らす者はこれすなわち国宝なり」とする有名な文言もみえている。そして国用にもなり得ない者は所詮は国の賊なりときびしくきめつけている。

一乗戒壇院　そして最澄が終生の念願としていた一乗戒壇院を比叡山上に開くことは、たびたびの請願にもかかわらず、その生前中にはついに実現をみず、弟子光定らの努力が実って最澄の入寂した弘仁十三年六月四日から一週間目の六月十一日付で戒壇設立の勅許がおりたのである。

弘仁九年（八一八）に最澄は南都の戒壇は小乗戒だときめつけ、比叡山にこそ大乗菩薩の戒壇を開くべきことを宣言して、南都僧綱の反対をうけ、さらに『顕戒論《けんかいろん》』を著わして自分の主張を公に発表したけれど、生前には実現し得なかったことはすでに述べたとおりである。嵯峨天皇から戒壇の勅許をうけた比叡山はただちに一乗戒壇院の建立《こんりゅう》に着手し、天長四年（八二七）には

中門三間、　戒壇堂五間、　細殿五間、　講堂七間

が中心線に並び、そのまわりを東西一四丈（約四五メートル）、南北一二丈（約三七メートル）の回廊がとりかこむ一郭をなし、石造りの壇は、東大寺の戒壇と相似た形式であったという。この建物はそののち文永元年、永仁六年、元亀二年に焼失をくりかえし、いまの一乗戒壇院は慶長五年（一六〇〇）の再建で東塔の阿弥陀堂の近くにあり、延宝六年の大改修をうけた建物で栩葺《とちぶき》（厚板葺）方五間、重層宝形造りの小堂である。内部の石造の戒壇は土盛りでまわりに花崗石を用いた三重の壇を設けている。下壇は方二七尺、中壇は方二五尺、上壇は方二三尺、上壇に正面幅九尺七寸余、奥行は七尺五寸、高さ三尺六寸の花崗岩の須弥壇《しゅみだん》が設けられており、大体は東大寺や唐招提寺にのこる大陸ふうの構成と同様であったという。花頭窓《かとうまど》などをつけた唐様《からよう》の細部様式、上層の正面には唐破風があり、一部を

朱塗りにした建物で、あまり豪壮な建築ではない。

比叡山寺の規模と構成㈢

三塔十六谷　比叡山における九院・十六院といった初期伽藍構成の理想についてはすでに略述したとおりだし、入唐求法から帰った最澄がまず六所宝塔院の大理想にもとづいて打ち立てた教学体系についてもすでに若干ふれたとおりである。

最澄のいわば草庵に発した一乗止観院と六所宝塔中の近江宝塔院と山城宝塔院といったものを基準として次第に山上には伽藍が増加する。前述した一乗止観院はその主要なものだが、ほかに最澄が打ち立てた修行道場たる四種三昧堂《ししゅさんまいどう》などがこれに次ぐ存在として初期の比叡山には次第に建てられた。教団として安定し固定するに応じてやがて山坊も増加してくる。そうした形で次第にととのってきた姿を世に「三塔十六谷」と呼ぶのである。三塔とは東塔と西塔と北塔である。東塔は前述した近江宝塔院（のちの法華総持院）、西塔も上述した山城宝塔院、そして北塔についてはまだ述べていないが少しおくれて円仁によって建てられる根本如法塔（写経塔）をさすものである。これらの施設を中心として、そのまわりには次第に伽藍や僧坊や雑舎が増えてくる。そうした教団としての組織体、またそれぞれの地域構成をさして「三塔」と通称する（北塔はのちに横川《よかわ》と呼ばれるようになる）。三塔の組織は教団の発達に応じて、次第に複雑な発展をとげる。地域的な分立もあるし、教学教派上の対立もある。そうした姿を整理して十六谷と通称する。東塔に北谷・南谷・西谷・東谷と無動寺谷、西塔に北谷・南谷・北尾谷・南尾谷・東谷、北塔（横川）に般若《はんにゃ》谷・華芳《かぼう》谷・都卒《とそつ》谷・戒心谷・解脱《げだつ》谷・飯室《いいむろ》谷、あわせてこれが「三塔十六谷」である。のち永く一山の運営は教学・教派・宗政・経済などのすべてがこれにもとづいて動いてきている。さらに東塔の東谷が八部尾と虚空蔵尾に分かれ、東塔の神蔵寺《くらでら》、西塔の黒谷、横川の帝釈寺と釈迦院（霊山院《りょうぜんいん》）と安楽谷（山麓）は五別所と呼ばれ、ここには高野山のように、いわゆる「別所の聖《ひじり》」と呼ばれる隠遁の聖たちがおのずから別個の修行を行なう場所としても知られてくる。

三塔にそれぞれ主要な堂塔があるごとく、各谷にもまたそれぞれ「谷の堂」と呼ばれる小堂があり、これをとりまくようにして山坊や雑舎が建ち並んで、いわゆる比叡山三千坊の光景を呈していたことが想われる。以下三塔の主要な堂塔をまわってみることにしよう。

一乗止観院　一乗止観院（根本中堂）はすでに述べたごとく、東塔の主堂であるとともに、比叡山発祥の聖地なので古今にわたって一山の主堂ともなっており、名実ともに巨大な堂宇である。最澄の草庵三宇から次第に大きくなってきたことはすでに述べたので、ここには現況を説明しておくことにする。

天慶元年（九三八）に良源（慈恵大師）によって改造された原型、それを改修した円珍の大堂にもとづくもので、桁行《けたゆき》（正面）が一一間（柱間）、梁間《はりま》（側面）が六間、屋根は銅板葺の入母屋《いりもや》造りで主堂（中堂）は国宝、重要文化財の廻廊は柱間四一間（実質約一〇〇メートル）、正面に唐破風《からはふ》造りの入口を造りつけ、屋根は比叡山特有の栩葺である。

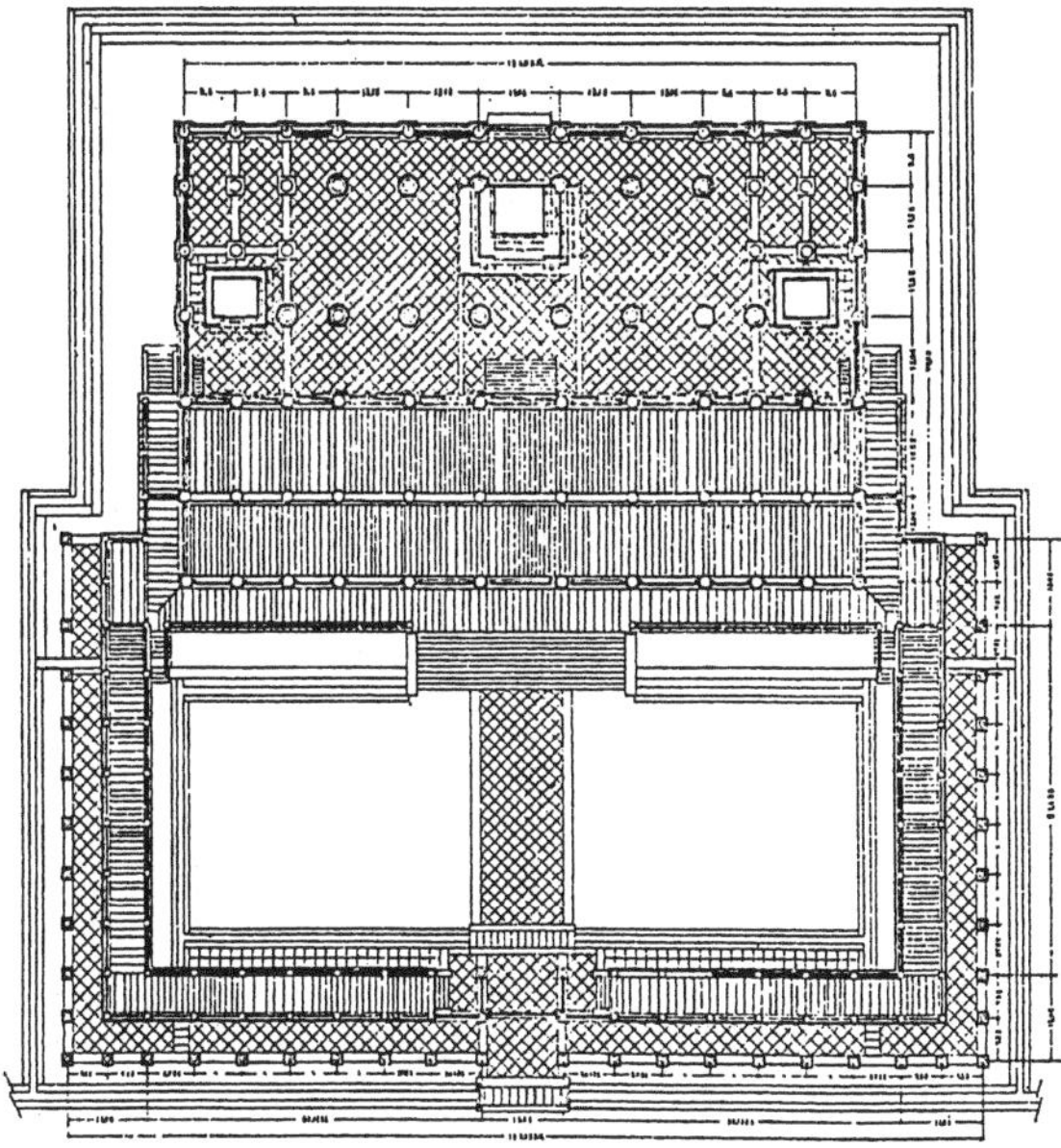
根本中堂平面図

主堂（中堂）の中央部の七間（柱間七つ分）が薬師堂と呼ばれ、北（向かって右）の柱間二間分が文珠堂、南の二間分が大師堂（はじめの経蔵に当る）と呼ばれている。この堂の大きさはほぼ中世以来変わらずに踏襲されてきたが、もちろん元亀兵乱で焼失している。江戸時代の寛永十七年（一六四〇）に完成したのがいまの建物である。内陣は石《いし》の間《ま》と称せられ、中陣や外陣よりも約二メートルも深くて昼も真くら闇、そこに古風な種油でともされる「不滅の法燈」三つがいつもまたたいて、いかにも天台秘密の道場といった神秘感をただよわせている。この内陣にいまは右図のように大きな三つの厨子《ずし》（宮殿《くうでん》）があって、当初の「三堂一宇」といった伝統をここに伝えのこしている。天台式といわれる堂宇のもっとも代表的な構成をなすものである。ここを出て正面にみえる急な石の階段を登りつめると、あたかも中堂の楼門のような格好で文珠楼院（重文）が建っている。ここからは根本中堂の巨大な屋根が老杉と相和してすばらしい景観をながめることができる。

戒壇院堂についてはは上述したとおり比叡山の宗教史にとってはきわめて重要な建物だが、いまのものは桁行三間、梁間三間、一重もこし付き、宝形《ほうぎょう》造りで栩葺、慶長創立、延宝六年改修のものと推定され重要文化財である。大講堂はその名のごとく重層造りの大堂であったのだが、先年焼失、いまは山麓にあった東照宮本地堂（三仏堂）をここに移して大講堂（滋賀県指定）としたもの。その名のごとく論義をやったり一山学生らの講堂として使用されるところであるが、いまは内陣に天台大師・聖徳太子・伝教大師をはじめ比叡山で修行して中世に各宗派を開いた多くの高僧らの影像を置いている。ここの鐘台と銅鐘はすばらしい巨大なもので、昔から一山に事あれば常に大講堂の早鐘を撞《つ》いた。三塔から山下にまで鳴りひびき、急を聞いて一山の僧徒や山徒は雲霞のまき起こるように、彼方の谷、此方の谷、山上山下から蜂起したのだという。いまもこの鐘のずっしりとした音色は力強いひびきを立てつづけている。

新しい堂に阿弥陀堂と目下建築中の法華総持院塔がある。このあたりが昔の近江宝塔院のあった場所である。円仁が入唐から帰ってここを真言密教の本拠としていたところで法華総持院はまさに東密の根本道場だといえる。元亀兵乱以来四五〇年ぶりに目下再建中である（昭和五十五年再建）。

西塔の堂塔　西塔には中心となる伽藍が二つある。一つは山城宝塔院の後をつぐ相輪樘《とう》、もう一つは釈迦堂。前者は釈迦堂の後の丘の上に建つ相輪であるが、いまのものは明治二十五年の改鋳だが重要文化財である。弘仁十年に最澄が一千巻の法華経を納めて京と畿内の鎮護の塔としたというのはここである。

釈迦堂は西塔の主堂である。転法輪堂《てんぽうりんどう》ともいって重要文化財の建物である。元亀の兵乱で焼けた後、秀吉の命令によって文禄四年に園城寺《おんじようじ》（三井寺）の金堂をここに移建したもので、鎌倉時代末の建物だから比叡山上では現存いちばん古い建物ということになる。内陣はやはり石の間で中外陣よりは一メートルあまりもひくい。本尊は嵯峨式の釈迦如来立像（重要文化財）である。建築様式は正式にいうと桁行七間、梁間七間、一重、入母屋造り、栩葺形銅板葺である。近年の修理で復原されてよい建築物となっている。

法華堂と堂行堂はいわゆる四種三昧堂のうちの二つで、常座三昧堂と常行三昧堂とに当る。昔は東塔にも、横川にもあったようだがいまは西塔にしかのこっていない。近年の修理で落ちついた丹塗《にぬ》りが杉木立に映えて美しい。比叡山には昔から「朝題目《あさだいもく》に夕念仏」ということばがある。法華堂における止観三昧と堂行堂における常行三昧をさすことばである。朝題目の思想からは日蓮のとなえたようなお題目の宗教が派生することになるのだし、夕念仏からはそのまま法然や親鸞の浄土教的な専称念仏信仰がやがて派生する素地となる。

全く同じ形の堂が二つ並び、渡り廊下でつながれているので、「弁慶のにない堂」などともいう。礼拝の堂ではなくて全く修行のための道場である。毎夏九〇日の常行三昧や常座三昧が行なわれる間は、参詣者もこの堂に近よることはできない。喧噪をさけるために廻り路をさせられるか、それだけまだきびしい修行がのこっているということはうれしいことだと想う。

釈迦堂の真うしろの叢林中に石造弥勒《みろく》像がある。現世をつかさどる釈迦の堂のうしろに、来世を司る弥勒の像がひっそりと祀ってあるあたりににくらしいような伽藍や史跡の歴史性をうかがい知って欲しい。高さは二メートル、元亀兵乱で火中にして表面がひどく傷んでいるが鎌倉時代の堂々たる石彫で、山上唯一の石造美術品でもある。

横川の起こりと構成

北塔の起こり　東塔・西塔の規模と構成を述べてきたから、宗祖のいう楞厳谷《りようごんのたに》、つまりのちの北塔（横川）の開発を述べる順序になってきたが、横川における伽藍の起源はややおくれているのでそのことをまず述べておかなければならない。

横川の開拓は天長六年（八二九）頃から比叡山の歴史にその名をあらわし始める。慈覚大師（円仁）伝によると、籠山一二年の業を終えた円仁は、上野《こうずけ》・下野《しもつけ》方面の布教を終えて帰山したころから、山上北方に静閑の地を求めて籠居し、深い禅定《ぜんじょう》と思念の中にあたらしい宗教的境涯をひらこうという努力をはじめている。『叡岳要記』によると、円仁が常に止観三昧をしたのは横川の大きな杉の洞穴《ほらあな》を利用し、ここで三か年に及ぶ四種三昧の修行生活に入ったと書かれている。もちろん別に草庵を建て、杉の洞は止観の場として用いていたのであろうが、この修行によって円仁はひどく健康をそこなっていたようであったが、一夜の夢に不死の妙薬を得たとみるが、これが契機となってふたたび生気をとりもどし、やがて以後における円仁の宗教活動においてもっとも有名な如法写経《にょぼうしゃきょう》のことが発願《ほつがん》されることとなる。『慈覚大師伝』には「蟄居《ちつきょ》すること三年、練行いよいよ新たなり、夜夢に天より薬を得、その形瓜に似たり、これが半片を喫するに、その味蜜の如し、傍に人あって語りて曰《いわ》く、これはこれ三十三天不死の妙薬なりと、喫しおわりて夢より覚むるに口に余気あり、大師大いに怪しみて、みずから持す。その後、疲身さらに健かに、暗眼も明に還る、ここにおいて石墨草筆を以て、手自《おのず》から法華経一部を書写し、四種の三昧を修行す」（原文は漢文）とみえている。

元気をとりもどした円仁は翌日から夢告にもとづいて法華経の書写をはじめるわけだが、草の茎で筆を作り、燈油で墨を作り、霊水を汲んで、一字三礼《いちじさんらい》の行儀によって法華経八巻（六万八千余字）を書写し終わったという。一字三礼とは一字を書くごとに仏法僧の三宝を祈念しつつ謹しんだ心で書写をすすめるもので、この行儀のありようのすべてを如法写経と呼ぶのである。

円仁はこのみずから書写した法華経を木造の小塔に納めて根本如法経と呼んで、これを本尊とする小堂を建てて根本如法堂（塔）と呼んだという。天長十年（八三三）のことで、北塔（のちの横川）の名はここにその起源を発することとなる。

『如法経濫觴《らんしょう》類聚記』という書物によると、円仁が法華経を納めた小塔は轆轤《ろくろ》塔と呼んだというから、木地師《きじし》（轆轤師）の作ったおそらく円形の木造塔婆（宝塔型）であり、内刳りをした塔身の内部に経典を納めるような構造であったものと考えられる。だから東塔・西塔についで建った北塔も、経典をいわゆる法舎利にみたてた塔婆造立の思想にもとづく顕教信仰であったことがわかる。

円仁没後の横川（北塔）は、根本如法堂（塔）がひきつづいて信仰の中心となるが、別に首楞《しゅりょうごん》厳院と呼ばれる横川中堂が法儀の中心となって発展してくる。根本如法経はこれを永久に保存したいという念願から堂の改修がしばしば行なわれるようになるが、長元四年（一〇三一）には横川の住僧だった覚超らの発願によって、上記の轆轤塔がそっくり納まる銅製の外筒が鋳造され、堂の中心部に数メートルにおよぶ深い坑を掘り、非常の際には外筒に納めてここへ埋経する処置が完了している。この時に一条天皇の中宮《ちゅうぐう》だった上東門院彰子（藤原道長の女）は、みずからも法華経八巻を如法に書写し、これに仮名書きの願文《がんもん》を添えて結縁《けちえん》奉納したことは有名な史実である。願文の原本はもちろんないけれどその全文は伝わっているし、これを納めたと推定される金銅経筥《きょうばこ》（国宝）も延暦寺に伝存している。

この銅筒が実際地下に埋められたのは承安年間（一一七三年頃）であり、横川の長吏長円の手で埋められたことが『叡岳要記』にみえているから、円仁の写経した時点からはおよそ三四〇年ののち、覚超が外筒を作った時点からはおよそ一三〇年ほど経っていることになる。大正十二年に根本如法塔再建の工事によって発掘されたのは、埋経した時から七五〇年ほど経った時点であった。しかし根本如法経も木造轆轤塔もすべては跡形もなくて、銅の外筒と上東門院の金銅経筥だけが発見されたのである。そののち経筥は国宝になって保存されているが、青銅の外筒は昭和十七年に横川中堂が雷火で炎上した時に溶解してしまった。

横川中堂（首楞厳院）は上述のごとく円仁によって創建されたものだが、のちにたびたび改修され、良源によって建てられた形式がほぼ今日に伝えられているものと考えられる。三方が崖になった小さな尾根の上にまたがるように建っているので三方が舞台造りになっている大堂である。堂の中央部にある内陣はやはり一段ひくくて石だたみの天台式伽藍であり、そうした伝統はいまのコンクリートで再興された堂宇にも受け伝えられている。本尊は中央に聖観音《しょうかんのん》立像（重要文化財）、左右に毘沙門天と不動明王を配するという特異の三尊形式をとっている。根本観音堂とも呼ばれるゆえんである。桁行・梁間とも七間（柱間）というほぼ四角の大堂が舞台造りとなって懸崖《けんがい》に建っているのは壮観である。この堂を中心にして、恵心堂・元三大師堂・華台院（いまはない）・霊山院（いまはない）・根本如法塔などが散在し、上述した六つの谷々に山坊が散在していたのである。

良源と源信　円仁の没後における横川の発展に関して、注目すべき二人の高僧は良源と源信《げんしん》である。良源は近江浅井郡の出身、第一八代の天台座主として一山を中興した英傑であり、慈恵大師と号するが通称は元三《がんさん》大師でよく通っている。沈滞していた一山の教学を振起し、衰退していた法儀を再興し、僧兵の跋扈《ばっこ》をいましめ、腐朽していた多くの堂塔を新造または復興するなど、今日でも全山十六谷では中興の元三大師に対する崇敬は宗祖につぐものがある。

晩年は横川の定心坊《じょうしんぼう》（山坊）にあり、四季講堂を建てて春夏秋冬、ここで横川院内の学徒にきびしい試験を課するなど、その業績は大きい。また御祈禱の験者《げんざ》としても多くの信者が陸続として登拝し、今日に至るもその信仰はうちつづいている。

良源の廟墓はその御遺告《ごゆいごう》に従って香芳《かぼう》ヶ峰の林叢中に営まれ、とくに「みみょう」（御廟）と称し、古来一山に事ある時は、かならずこの廟墓は鳴動すると伝えられ、山内三魔所の一つとしていまも畏怖されつづけている霊場である。

源信は恵心僧都《えしんそうず》の名でよく知られている。大和の二上山麓の出身である。円仁の没後より七八年、良源よりは三〇歳の年下であるが、源信は横川に籠居して有名な『往生要集《おうじょうようしゅう》』を編し、その幽幻壮大なロマンに満ちた往生浄土の思想は、当時の末法《まっぽう》思想の世相にアピールして多くの共鳴を得、横川の華台院で催される「迎え講」は霊山院でひらかれる釈迦講とともに瑞喜《ずいき》する民衆で埋まったといわれている。

従来とかく学山比叡として民衆から遠い存在であった比叡山は、この二人の力によって霊山比叡の姿におきかえられ、とくに横川は東塔や西塔とはひと味ちがった宗教味をもつところとして、ここを民衆信仰の本拠にまで押し進めた功績は大きいものであった。いま高野山の至宝とされている国宝の『阿弥陀廿五菩薩来迎図』はもと横川の山麓飯室谷にあったものだが、元亀兵乱の折に山を出て、いまは高野山に伝存しているのである。

源信は著書が多いが、とくに『往生要集』は多くの経典から往生浄土・欣求《ごんぐ》浄土・厭離穢土《おんりえど》の思想を抽出して、自己の思想と文才によってまとめたすばらしい文学作品とも言い得るものである。多くの心酔者が出たが、宋の国へもこの著書は伝わり、中国にも多くの信奉者を出した名著として知られている。後世比叡山の学林から浄土宗をひらいた法然上人、真宗をひらいた親鸞上人、天台真盛宗をひらいた真盛《しんぜい》上人など、みな浄土学系の教団を開発する人が輩出したゆかりをここにみるのである。

遮那業と止観業の発展

遮那業　華厳《けごん》・律《りつ》・三論《さんろん》・法相《ほっそう》といった南都の伝統ある仏教にならんで、とにかくも天台法華宗が独立の一宗派として認められるに至った時点は「年分得度学生二人」が比叡山に割り当てられた時点、つまり延暦二十五年（八〇六）正月二十六日である。比叡山ではこの二人に、一人は大毘盧遮那神変加持経を専修する遮那業《しやなごう》に、一人は中国天台の根本聖典たる摩訶止観経を専修する止観業《しかんごう》に割り当て、これらを称して「山家《さんげ》の学生《がくしよう》」と呼んだ。比叡山寺の教学を形成する二つの大きな柱である。また前者を密教《みつきよう》と呼び、後者を顕教《けんぎよう》とも通称する。遮那業はまたの名を大日経業と呼ぶ場合もある。

比叡山寺はすでに述べてきたように、最澄の薬師信仰をはじめ、六所宝塔の建立《こんりゆう》や円仁による横川根本如法塔の建立など、そのすべてがいわゆる顕教的な法華経信仰から発足《ほつそく》してきたわけだが、円仁・円珍両師の大きな影響もあって次第に台密学が興隆し、中古天台と呼ばれる一〇世紀後半頃にはその最隆盛期を迎えるようになる。円仁が持ち帰った多くの密教典籍は法華総持院（旧東塔院また鎖国道場とも称せられる）におかれ、ここが初期台密学の中心をなす研究所となった。そこへ円珍の求法による密教学を加えて、いわばその黄金時代を現出することになるわけである。とくに円仁の弟子の五大院安然《あんねん》は台密教相《きようそう》（理論）の大成者として知られるごとく、遮那業における所依の経典も遮那経（大日経）のほかに金剛頂経・蘇悉地《そしつち》経などにひろがり、安然の著書である『菩提心義抄』『教時問答』においてみられるごとく複雑な台密学は「五時の教判《きようはん》」「四十門の教綱」といった形で整理大成されることになる。密教には本来、教相と事相《じそう》の二面があり、安然は天台教相学（天台密教哲学）の大成者とみなされている。

事相の学はいわば密教における実践面・応用面をさすもので、灌頂を行ない、加持祈禱を行ない、各種の法儀（造壇・護摩・印契・誦呪など）を行なうもので、教学に対して教理・布教といった方面をさすものである。こうした基本的な性格は台密においても東密においてもさしたる変わりはない。例えば空海が在唐中に恵果から両部曼荼羅の灌頂を受け、さらに伝法灌頂の位をも受け、諸尊の瑜伽《ゆが》を授かり、般若《はんにゃ》と牟尼室利《むにしつり》からインド直伝の学法をうけたことなど、そのすべてが事相の学であって、彼が将来した四六一巻の書物のうち経・讃・真言・論書の半分以上が、図像や曼荼羅や画像や仏具類とともに事相の思想とその用具であることをみても、おのずからその学風は明らかである。

比叡山における密教学の系統を図示するとつぎのようになる。

台密学
- 前期（九世紀半～一〇世紀半）〔台密教相大成時代〕
- 後期（一〇世紀半～一五世紀半）〔台密事相伝持時代〕
  - 前期（一〇世紀半～一三世紀半）〔事相発展分裂時代〕
  - 後期（一三世紀半～一五世紀半）〔事相伝持雑乱時代〕

比叡山では第一八代の座主として知られる良源（慈恵大師）は横川にあり、密教事相の加持・祈禱に特別の験《しるし》をあらわし、権者《ごんじゃ》（人間に非ざる者が、仮りに人間の姿をかりて出現しているということ）であるとさえ称せられた。とくに円融天皇の病気平癒にあたってはたびたびの奇瑞をあらわし、以後は横川に陸続として諸人が登り、加持祈禱を依頼し、その功験は今日に至るも元三大師信仰として生きつづけている。

比叡山では特に事相をさずける主要な山坊を「五箇《ごか》の灌室《かんしつ》」と呼んで、いまもその伝統を持ちつたえている。また次章に詳しく述べる相応和尚によって創始された叡山修験ともいうべき「回峰《かいほう》」のごときも事相の応用とみるべきものであり、これをとくに修行業と呼んでいるが、護摩や加持祈禱による悪疫退散や病気平癒を祈る、いうなれば実利的な信仰がこれにからまってその隆盛をみせているのである。遮那業（修行業をふくむ）系の学室で、台密の教相または事相の学問や法儀をきわめた最高権威、学位者を「阿闍梨《あじゃり》」と呼んでいる。本来は梵語で「阿遮梨耶《アージャリーヤ》」という音訳であって、その意味は「軌範師《きはんし》」または「正行《しょうぎょう》」といって、弟子に対して教授たり得る資格者をさすものである。

仁明《にんみょう》天皇の承和三年（八三六）に比叡山・比良山・伊吹山・愛宕《あたご》山・金峰《きんぷせん》山・葛城《かつらぎさん》山・神峰《かふさん》山の七高山に勅して、五穀豊穣を祈念させた時に、その導師に対してはじめて阿闍梨の称号を授けたというが、人格・識見・行動にすぐれた台密学の師範や灌頂師や回峰の満行者をさす名称と考えてよい。

止観業　遮那業における阿闍梨に対して、止観業の最高学位を「探題《たんだい》」と呼んでいる。止観業は摩訶止観をテキストとする法華経学であり、密教に対する顕教であり、法華一乗の思想を論議という形式をもって討論する。最澄はもともと顕密の両学合同を理想とする教学体系を立て、国宝菩薩僧の養成を期するものであったから、遮那と止観は叡山教学における根本的な二面であったことはすでに述べたとおりである。止観業の道場が四種の三昧堂であり、その名はすでに弘仁九年の十六院伽藍設置の時に企画されていたことについても前述したとおりである。常行三昧・常座三昧・半行半座・非行非座の四堂である。

　常行三昧は夏の九〇日間を堂に籠り、たえず弥陀の名号《みょうごう》を誦《ず》しつつ行道しつづけるもので、専称念仏といった後の他力成道門の思想はここから出てくるようである。

　常座三昧も九〇日を堂内に止観し、一仏の名号を連称しつづけるもので、この堂はのち法華堂と呼ばれている。

　半行半座は九〇日にわたって法華経を誦しつづけるが、この道場では座しても行道してもその方法はさしつかえがない。半行半座と呼ばれるゆえんである。

　非行非座三昧は時期を定めず、また行と座も定めず随意随時に所期の観相をめぐらせるもので、その堂を随自意堂と呼んでいる。

　三塔十六谷には遮那業を修学させる五つの主要な堂があり、ここを「五箇の灌室」と呼んでいること上述したとおりだが、これを表示すると上の右表のようになる。

　止観業を修学させる主要な施設を三学頭五学室と呼ん

東塔	東谷	正覚院	西山流灌頂
東塔	北谷	総持坊	穴太流灌頂
東塔	西谷	行光坊	穴太流灌頂
東塔	無動寺谷	法曼院	法曼院流灌頂
横川	都卒谷	鶏足院	穴太流灌頂

三学頭	東塔	東谷	正覚院
	西塔	北谷	正観院
	横川	都卒谷	恵心院
五学室	東塔	北谷	恵林院・竹林院
	東塔	南谷	南光坊
	東塔	西谷	覚林坊
	東塔	無動寺谷	法曼院

でおり、ここには探題クラスの学僧をおいて指導に当らせたのである。これを表示すると上の左表のようになる。

三学頭の三院は探題にならなければ住職することができないし、五学室は探題に昇進する一歩手前の已講・已講の有資格者が住職して後進を指導することになっている。現在これらの由緒ある山坊で廃絶しているものは、せめてその名称だけでも伝承するために谷の高僧や老僧を任命して、いわゆる青空住職として歴史ある法燈の維持につとめている。

相応和尚と回峰行

比叡山の回峰修験 天台回峰行《かいほうぎょう》の開祖相応は近江国浅井郡の出身。彼は承和十二年（八四五）、一五歳のときに比叡山に入っている。師の鎮操《ちんぞう》は安恵和尚の門弟であったが、すでに東塔十禅師の職につく高僧であった。年若い弟子は鎮操について修行をはじめたが、暇をみては毎日山中に入り、美しい花を手折って根本中堂薬師の御宝前に捧げることをひそかにつづけていた。彼の住坊の近くには円仁（慈覚大師）の山坊があったので、円仁は常にこの奇特の行を欠かさぬ若い学生に注目していたところ、前後七か年に及んで一日もそのならわしを欠かすことがなかったという。円仁の心中には深くこの若い学生は印象づけられたようである。円仁はすでに唐から帰り、その住坊たる前唐院に将来した典籍や法宝をおいて台密の研究にいそしみ、また比叡教団の整備にもはげみつつあった頃である。円仁が座主《ざす》の職についた頃、相応ははじめて座主から直接の声をかけられ、数年にわたる中堂供花の奇特な心を賞され、ここから円仁の直弟子となってやがて籠山一二年の修行に入ることとなったのである。籠山をはじめて五年ほど経ったころ、円仁から不動明王法と別尊儀軌《べつそんぎき》護摩法を授けられたが、深くその秘法に感じ、これこそ自分がなお深く探究し、さらに大成して行くべき指針を示す秘法であるとし、いつかはこの法によって日本国土に現身の不動明王を顕現《けんげん》し、叡岳には生身《いきみ》不動明王をとどめて、法と国との鎮めにしたいという、大きな生涯の悲願がひろがりはじめたのである。相応はさらに山中を深く幽寂の地を求めて歩いたが、ある夜、叡南岳において薬師如来から、

吾が山は三部諸尊の峰なり、此の峰を巡礼し、山王の諸祠を詣でて毎日遊行の苦行をせよ、これ不軽菩薩の行なり、読誦経典をのみ専にせず、ただ礼拝を行ずるは事に即して真なる法なり、行満せば不動明王本尊となり、一切の災殃《さいおう》を除くべし

との示現をこうむり、ここから相応による叡南無動寺谷とその回峰修行業の歴史がはじまるのである。

山林に抖擻《とそう》する修験道的な修行は、すでに前代から各地の名山大岳において行なわれていたのだが、相応の創めた天台回峰修行業は、山上山下の堂塔・霊石・名水・神祠、二百数十か所を毎日運心礼拝遥拝するもので、七か年かかって一千日の修行業を満行するという心身ともにきわめてハードな修行なのである。最初の一年目は一〇〇日間、毎日三〇キロの山みちを足袋も許されぬ裸足に草鞋《わらじ》ばき、

年間 100日間	起床1時修法の後2時出発、7時帰院、また修法
〃	〃
〃	〃
年間 200日間	
	下根満行者、白帯行者と呼ぶ
年間 200日間	
	終わって9日間の断食断水、「当行満」となる
年間 100日間	赤山参詣、赤山苦行という
年間 200日間	大回り、睡眠は一日2時間
	終わって「大行満」となる
通算1000日間	
	7年度は30キロの時に一度だけ大廻りをする。30キロの基準キロと84キロの差をプラスする

二年目と三年目も一〇〇日ずつ、まだ足袋の使用は許されないし行程の一日三〇キロも変わらない。四年目と五年目になると一〇〇日ずつを二回に分けて年に二〇〇日分を歩く、やはり毎日三〇キロ、四年目からは足袋の着用が許される。ここまで通計七〇〇日を行満したことになる。しかも七〇〇日を終わった日から九日間の堂入りと称し無動寺の明王堂に籠り全くの断食断水、八〇〇〇枚の護摩を焚く。これをやりとげると「当行満」と呼ばれるのだが、心身ともにここらがまず一応の限界。医学的に分析しても、この不可能を可能ならしめる不可思議は大きな謎とされているという。謎はすなわち宗教なのである。つぎは第六年度にはいる。この年はまた年間一〇〇日の修行にもどるのだが、一日の行程は

回峰修験行７年間1000日の行程表

初年度	100日	足袋着用を許されない	１日30キロ
２年度	100日	〃	〃
３年度	100日	〃	〃
４年度	100日	足袋着用を許す	〃
	100日	〃	〃
５年度	100日	〃	〃
	100日	〃	〃
６年度	100日	〃	１日60キロ
７年度	100日	〃	１日84キロ
	100日	〃	１日30キロ
小計	1000日		38400キロ
総計	1000日	ほかに１年に１度は84キロの大廻りがある。差引加算すると	38856キロ

いままでの倍の六〇キロとなる。毎日比叡山を京都側（西坂本）へ下り、赤山禅院に詣でるのでこの一〇〇日間を赤山苦行と呼んでいる。六〇キロずつ一〇〇日は六〇〇〇キロということになる。いよいよ最終の年第七年度、この年は二〇〇日間の行だが、はじめの一〇〇日間はさらにハード、「大廻り」と呼んで、これは比叡山の基準行程三〇キロのほか、京都の街を一廻りするので一日八四キロになる。しかもこの一〇〇日間は明王堂にもどってからの作法が多いので、睡眠は平均二時間ずつだというからまさに人間業ではない。心と体とが一つに固まった「人間でない一種の生物」それが「生き身の不動様」だといえばいえようか。そして後の一〇〇日間ははじめにもどって軽い一日三〇キロ、これを完遂する

とはじめて「大行満」と呼ぶ行門では最高の称号が与えられる。与えられるというよりも、「大行を満たした人」という、おのずからなる称号なのであろう。一千日でその総距離は三万八八五六キロという長い里程。これを七年間に分けて、しかもいずれの年でも回峰の「一〇〇日間」は開始したらどんなことがあっても一日の空白も許されない。堂に帰ればまた一日の堂作法や護摩供《ごまぐ》が待っている。回峰はしかも真夜中、午前一時起床の二時出発、三〇キロ行程では午前七時には帰院しなければならないのだから、三〇キロを五時間でしかも山路、真の闇、山をめぐり、山を下り、また山を登らねばならないと考えれば、これは尋常のこととは考えられない。この修行業は上述のとおりのスケジュールで行なわれるのだが、ややこしいので表示しておいた（六八〜六九ページ）。

葛川明王院　はじめ相応和尚は比叡山の南岳（のちの無動寺谷）で修行したのち、さらに幽深の山岳に入って修験に徹し、生身の不動明王を顕現せんことを期し、貞観元年（八五九）、二九歳の時に裏比良の峡谷に入り、奥の深谷、口の深谷などと呼ばれる谷あいの峻崖にかかる一九の滝を行場《ぎょうば》として三か年の草庵参籠の荒行をはじめている。『相応伝』に「比羅山西阿都河之滝」と誌されるところで、天台行門における葛川《かつらがわ》参籠の行儀や息障《そくしょう》明王院の起源はここに求められる。いまから一〇〇〇年ほど前の出来ごとであるが、連綿としてその伝統はひきつがれて今日に至っている。

『相応和尚伝』によると、このあたり一帯の地は、もともと安曇《あど》川の河流神（水の神様）である思《し》古淵《こぶち》明神の神地として管理されてきたのだが、相応は明神の導きを得て、「さらにこの谷を深く入れば比良の山腹には一九の清滝がかかる渓谷がある。ここは太古以来思古淵の神の司ってきた聖地、東は比良の山峰から、西は駈籠《かりごめ》谷、南は花折峠から北は右淵《みぎりぶち》までを四至（境界）とする九万八〇〇〇町歩の地域である。和尚は特別に修験の道を求める心の厚い聖者とみうけるので、この神地の奥深く入って求道に精進するよう。ことに第三の滝は都卒《とそつ》の内院に通ずるという霊地であるから、必ず大聖明王にも会うことができるであろう」との夢告に従って、思古淵神の眷属だとされる常喜（浄鬼）・常満（浄満）両童の導きによって霊瀑に達し、ついに生身の不動明王を顕現し得たのだと伝えられている。滝壺にうかぶ神木を御衣木《みそぎ》として相応は不動明王を手刻し、これを安置する小堂を建てたのが息障明王院の起こりだとされている。また思古淵明神を地主神として寺域に祀り、その恩に報じたのがいまの地主《じしゅ》神社の起こりであることはいうまでもない。不動明王の眷属を十九童子とするが、裏比良の滝が十九か所あったとするのは、滝を不動尊の眷属に見立てた思想から発しているものであろう。

葛川息障明王院はこうしたゆかりの寺としてはじまっているのでいまに至るまで天台回峰行者の別院道場、いわば奥の院の行場となっている。比良山脈の真裏手、安曇川の峡谷に沿うさみしい山間で、きびしい裏比良の崖にかかる瀑布をかつての不動明王出現の霊場として、いわば比叡山における回峰行の仕上げをする修行場となっている。昔は滋賀県滋賀郡葛川村大字坊、いまは大津市葛川町坊村と呼ばれている。

京都の北郊から高野《たかの》川沿いに八瀬・大原をすぎ古知《こち》谷を奥へすすむと、山城と近江の国境をなす小さな峠を越えて、伊香立《いかだち》村（ここもいまは大津市）の大字途中《とちゅう》に達する。途中越とか龍華越と呼ばれて、山城から北国へぬける間道でもある。つい近年までは、ここから左へけわしい花折峠を越えて安曇川峡谷に入り、葛川を経て下流の朽木《くつき》へとたどったのだが、花折には近年トンネルが開通し道路もよくなったので楽にはなったが、しかし昔のような花折越えの苦労と、これにともなう壮大な景観は味わえなくなってしまったし、これはまた葛川がいままでのような秘境といった魅力とその雰囲気を少なくしてしまったことでもある。私がはじめて葛川入りをした二十数年前など、朝早く堅田《かたた》からトラックに便乗し、帰りは材木の上に乗ってというまことにしんどいことであったのを思うと、葛川はもう「かくれ里」ではなくなったことにいちまつのさびしさを覚える。もちろん回峰行者はいまも比叡山から歩いて葛川入りをする。つづらの坂路を歩いて花折峠の険路を通る。峠の頂上からは、はるかに比叡の山容が望まれるので、行者たちはいまも列立してここからはるかに「満山三宝」を拝し、荒行の無事完遂を祈って安曇川峡谷へと降ってゆく。川辺に達すると河原で水垢離《みずごり》をかき、路上では出迎える村の信者たちに御数珠《おじゅず》の加持を加えながら、一歩一歩と明王院へ近づいて行く。比叡山からはおよそ三〇キロ余、これは歩いてほぼ一日分の行程ということになる。

新しい花折トンネルを過ぎ、安曇川の渓谷沿いに坊村に達したならば街道からわかれて右へ入るとすぐに寺域である。この入口の左右に大昔からこの明王院をとりしきり、いまもそのすべてを主宰している旧家がある。上述した常喜・常満の両家である。志古淵明神あるいは回峰行者を中心にして左右にこの二執事を従える姿は、不動明王とその二童子にもたとえられよう。とにかく代々葛野《くずの》常喜・葛野常満を襲名してきた葛川の名門である。

正面に大きな鳥居がみえてくる。上述した地主神社である。鳥居の前を左へ廻ると、もう滝川にかかる赤い欄干の三宝橋がみえて来る。明王滝へはこの橋のたもとから左岸へ、いまは林道ができたので割合に楽に参詣することができるようになった。三宝橋を渡るとそこがもう明王院の境内、少し石段を登ると右手には行者参籠の庵室、左手には政所《まんどころ》（本坊）の石垣と門がみえて来る。本堂は右手の高台にあるのでもう大きな屋根がみえる。このあたりは老杉亭々としてさすがに古寺といった雰囲気がひしひしとせまってくる。護摩堂横から石段を登ると正面に大きな本堂の側面がみえてくるが、地形の関係上側面に向唐破風《むかいからはふ》をつけて、ここからまず外陣《げじん》へ上るようになっている。外陣はいまは吹きぬけ、広々としているのは、ここで毎年太鼓廻しという伝統的な行事などが行なわれているが、昔は多くの参詣者がここに参籠したのだと思う。鎌倉時代の古絵図（『門葉記』の中に収められている）をみても、この構造は基本的には変わっていないが、昔は外陣がもっと滝川にせり出して舞台造りになっていたのではないかと思う。そうするといまよりもいっそう風情のある景観だったことが想像される。本堂の内陣も広い。行者の参籠や法儀はおもにここで行なわれる。正面に三体（千手観音を中尊に、向かって右に毘沙門天、左に不動明王）の本尊を祀る大きな厨子を据えている。この不思議な三尊形式は比叡山の横川中堂や西塔の宝幢院などで行なわれた形式であり、後世こうした比叡山風をここにとりいれたもので、当初はもちろん不動明王独尊を本尊としていたものと考えられる。

暗い中でしばらくするといろんなものがみえて来る。なげし廻りに一メートルほどもある大きな懸《かけ》仏《ぼとけ》が数面、みな室町時代の銘文があり、不動明王と二童子の像容、そのすべてが市の指定文化財である。堂内の向かって左側に立てかけてある四メートルをこえる木材、よくみるとこれが有名な葛川の一番古い参籠札なのである。中世にはこうした大きな卒塔婆を行者たちは参籠のつど、本堂のまわりや滝口のあたりにも樹てたのである。いまこれを最古、最大、唯一のものとして、あとはもう少し小形の参籠札（碑伝《ひで》）が、室町時代から慶長末まで五八本、近世のものは元和から慶応まで約四〇〇本が保存されている。中世のものは有形民俗資料としてすでに県の指定文化財ともなっている。全部にわたる詳しい調査は昨年（昭和五十一年）、元興寺仏教民俗資料研究所によって行なわれ、『明王院の碑伝』というい い報告書が出ているのでそのほうにゆずるが、碑伝というのは修験行者が参籠を記念するために施入する卒塔婆である。頂上が三角形を金剛界の碑伝、頂上に五輪塔をつけているのを胎蔵界の碑伝といって区別するが、明王院には双方のものが伝存している。

本堂外陣の向こう側の山林中に石造宝塔一基（暦応二年の刻銘）、本堂の前庭にも石造宝塔一基（嘉暦三年の刻銘）、宝蔵の傍には石造宝篋印塔一基（正和元年の刻銘）、本堂の廊下には貞治二年在銘の梵鐘（県指定）もかかっている。

地主神社　前述した地主神社、昔はいまの本堂の後ろの崖の上にあったので、ここをいまも地《じ》主平《しゅのだいら》と呼んでいる。現地へいつ移ったのかはよくわからないが、室町時代の文亀二年の棟札をもつ現本殿（重要文化財）があるのだから、少なくともその頃より前だと考えられる。それはとにかくとしてこの本殿と幣殿《へいでん》、山間僻地にはもったいないような名建築なのである。まず本殿だが三間社春日造りである点も近江路では珍しい。なかなか大きな建物で側面からみると堂々としたその美しさ、ことに檜皮葺《ひわだ》の屋根の曲線が美しい。奥の二間《ふたま》を内陣、前の一間《ひとま》分を一段低くして外陣、軒裏のあたりはやや繁雑な木組みだがそのあたりにはたくさんの蟇股《かえるまた》もみえる。牡丹、牡丹に獅子、蓮、蓮と梵字、桐、龍胆《りんどう》などを彫りこんでいる。

本殿の向拝《こうはい》に接してゆるやかな屋根を持った幣殿が連接している。低い床、細い木割、向唐破風造りの軽快な点は本殿の重厚さとよきコントラストを示している。ゆるやかな唐破風の曲線は天井裏でよくうかがえるし、両端の懸魚《げぎょ》と二つの蟇股は本殿よりも軽快な感じがする。一方は桐に鳳凰、一方は牡丹に唐獅子の傑作である。柱頭部の肘木にも変化のある植物文様を彫りつけている。とにかくこの非凡な作域は宮大工の教養とすぐれた腕前をよく示している。もちろん本殿とともに重要文化財である。

本殿内には八体の神像（重要文化財）が納まっている。国常立命《くにのとこたちのみこと》と呼ばれる一体と僧形の一体を除いて他は二〇センチ前後の小像である。おそらく本来の地主神たる志古淵の神と、のちに天台系となって山王七社を勧請《かんじょう》して八所としたものと考えてよかろう。国常立命と呼ばれているが地主の志古淵明神、僧形像が山王大宮か山王十禅師であろうと私は思っている。神像はみな鎌倉時代の製作である。大体このあたりには八所神社と呼ばれる神社が多いが、おそらくすべてが地主神にプラス山王七社で解決できるのではなかろうか。八角形の釣燈籠には「大永六年作者安治」の刻銘があって県指定、また境内には康永四年在銘の石造宝塔も一基あるが、こうした神仏習合の色彩の濃い神社には似つかわしい存在である。上述した明王院本堂付近のものとともに葛川では注目すべき石造品である。

記述が後になってしまったが、花折峠へかかる手前の途中に勝華寺《しょうげじ》がある。葛川入りの行者はまずこの堂に入り、ここからがいよいよ行場入りである。古記には「途中之堂」と書かれているが、住職は必ず明王院が兼住することになっており、代々を宮垣善兵衛と名乗る旧家が、ここのすべてをとりしきっているのは、葛川における上記の常喜・常満と同じである。堂の脇に大きな水船があり、上縁に「弘長二年十二月十日」の刻銘がある。明王院へささげる樒《しきみ》の枝をここにつけておく習わしであるが、花折峠から奥は古来の神地なので、いまも樒の木は生えていない由。花折峠という名もそうしたところから出ているように思える。

行門《ぎょうもん》でのしきたりは昔から回峰の度数と葛川入りの度数がすべてに先行して重んぜられる。葛川入り四〇度をこえる行者を「大々先達《せんだつ》」、三〇度をこえる行者を「大先達」、一〇度をこえる者を「先達」、それ以下の者は「新達《しんだつ》」と呼ばれて、ここに厳然とした階級が設けられ、新達はいわば初年兵。きびしい修行のほかにまめまめしくすべての雑事に追い回されて、次第にたくましい天台修験の行者へと生長して行くのだそうである。初度の行者は必ず「参籠祈請文《きしょうもん》」と呼ぶ巻物に署名して、その決心を不動尊に誓うのだが、いまのこっている祈請録は、元亀の兵乱によってしばらく杜絶していた回峰行とその葛川参籠が、天正十二年に再興した時から書きはじめて今日まで、およそ七〇〇名ちかい初度の行者の名が連なっている。昔は年中二度の行者参籠が行なわれたのだが、いまは夏（七月）の蓮華会《れんげえ》参籠のみが行なわれつづけている。

坊村からは安曇川の河岸段丘に沿って、一条の街道が下流へと通じてゆく。朽木を通り湖畔からやがて若狭路《わかさじ》へとつらなる。京の間道として重んぜられてきた古路の一つなのである。若狭の新鮮な魚を京の食膳に送る路、「鯖《さば》のみち」とも呼ばれていたという。

衆徒と堂衆と山徒

一山大衆　比叡山三千坊という言葉は、実際の山坊の数をさすのか、山上に居住した僧徒の数をさすものなのか、いつも議論のわかれるところであるが、まずまず三〇〇〇という数値が非常に多数であることを示す誇称であるとしても、私は数多い僧徒の数をさすものだろうと解している。その一山の僧徒らを「一山大衆《だいしゅう》」と昔から呼んでいる。大衆は大きくわけて衆徒《しゅと》と堂衆《どうしゅう》と山徒《さんと》と呼んだのが中世以前の呼称である。衆徒とはまずその出身の門地（家柄）がよくて、そして学問のできる人々、これは本人の器量次第では天台座主にまで昇進することも不可能ではない。堂衆とは出身の門地があまり高くない子弟たちでその名のごとく三塔の寺塔に配されて堂守りをする、山上では第二ランクの人々。山徒はその名のごとく山に仕える門徒たち、下級の出身で山門運営の事務的な仕事にもたずさわることが多かった。職種によっては山下に居住し、山門領の年貢《ねんぐ》の徴集から消費物資の世話まで、中には正式に妻帯している者もあったが姿は剃髪して僧形であった。中世以前、一山に大事があればまず兵杖をたずさえて、衆徒や堂衆の指揮下にあって働いた、いわば僧兵形成の基準的な兵力群でもあった。

『驤驢《けんろ》斷余《しょ》』という書物に「出世《しゅっせ》は院号、公家或は公家養子。坊官は坊号、御門主《ごもんす》に奉公給仕、児《ちご》の時水干《すいかん》。侍法師は国名《くにな》、妻帯《さいたい》、児の時長絹《ちょうけん》。承仕《しょうじ》は持仏堂を司る。云々」と一山大衆の組織を述べているが、まず出世というのがほぼ衆徒に当るし、坊官以下が堂衆や山徒をさしているようである。近世には山徒の職を公人《くにん》と呼び、山下に定着して妻帯し、山門一山の庶務会計といったことから法儀の準備やなかだちをするもので、威儀師・従儀師といった職名を持ち、その人数も増加した。「七座の公人」とも呼ばれて職分も固定し、家は代々その職をもって山門に仕える身分となってきたのである。僧兵の姿に剃髪して甲冑を身に着け、長刀を振りまわす雑兵クラスは山徒（公人）、袈裟で裹頭《かとう》（頭をつつむという意味）して高足駄《たかあしだ》をはき、指揮命令の姿にあるのが堂衆たちだろうと思う。衆徒はいかなる大事があろうとも、つねに法燈をかかげて谷々に籠り、止観や遮那の研学にふけっていたクラスだったと原則的には考えておきたい。

中世以前の社会では、あらゆる方面において身分や門地がまず宿命的にその人の昇進の道をきめてしまう。中央の良家とは三位以上の格式の家柄、地方の良族というのがまず五位以上に準じる門地、山内のしかるべき地位につくうえでは、まずこれくらいまでの身分上の制約があった。出身がさほどの名門でないために、また成績がかんばしくないために、教団や僧界における栄達の道をたたれた者には、つねに多少の不平があったにちがいない。不平は粗暴なふるまいの中にはけぐちを見いだし、そうした仲間たちはいつしか徒党をなして一つの勢力体に成長していった。これが僧兵というものの大きなルーツであり、またこれを利用した教団側にも僧兵育成の一半の責任はあったといえる。それに武力を発動しなければならないような対外的な事情、巨大な寺領荘園の維持経営などそこに僧兵の発生と発達の歴史は見極められる。

比叡山の浄土院と居士林

浄土院　真言系の寺々においては空海（弘法大師）に対する信仰は名実ともに本尊を超えてつねに盛んである。高野山における御影堂、神護寺における納涼坊、東寺における大師堂と、常に大師は真言系伽藍における民衆信仰の先頭に立って顕《あら》わな存在ですらある。京都で毎月二十一日は東寺の

「弘法さん」で通《とお》っている。本尊そこのけの弘い信仰である。お大師さんとあとは店参り、金堂や講堂の存在すら忘れられている。これに対して最澄（伝教大師）の場合は、つねに御影堂や大師堂の存在は秘《ひめ》やかである。うっかりしているとどちらも見落してしまう。すでに述べたごとく、比叡山では大師堂（御影堂であり開山堂としての性格をあわせもつ）は、根本中堂の真暗な内陣の向かって左のお厨子《ずし》がこれにあてられているだけである。最澄の入滅したという山坊（中道院）の位置もよくわかっていないし、ここを大師堂として拝するより外はないのである。山内で開山堂の存在をたずねてもおそらく明快な解答は出てこないのではなかろうか。山上で「大師堂」はと問えばたいていは横川にある元三大師（慈恵大師良源）の堂を教えてくれるだろうし、伝教大師ですよといえば恐らく浄土院の御廟《ごびょう》を教えられるだろう。それほど根本中堂の中に組みこまれた大師堂（開山堂）の影はいわば薄いのである。これは最澄という人と空海という人の性格のちがい、比叡山寺と高野山寺の宗教体質の根本的なちがいが原因しているともいえる。

最澄は弘仁十三年（八二二）六月四日、五七歳（一説には五六歳）をもって山上の中道院の山坊で入滅する。廟所は東塔と西塔の中ほどにある谷間に天台山竹林寺の廟宇を祖形として円仁らの手によって営まれたという。この御廟はいまもその場所に廟宇と拝堂と阿弥陀堂、そして侍真と呼ばれる律僧の住まう山坊とからなる清楚で簡素なたたずまいである。侍真の律僧は一二か年のいわゆる籠山行を行なって開祖大師の日常万般にお仕えをしつづけている。侍真はこれを籠山比丘《びく》とも呼ぶ。廟墓の侍真はただのお墓守りではない。禅定に入るということは生きた姿でそこに居られるという思想であり、これにお仕えするのが職務である。侍真には勤行《ごんぎょう》の時間もぎっしりとつまっている。寅《とら》の刻（午前四時）に常の日課は礼堂で朝座の勤行からはじまる。掌の筋が見えそめたら起きろということに昔から定まっている。明り障子を通す朝の光は夏は午前三時半、冬は午前四時半にはもう掌の筋はみえそめるという。礼堂の御廟に向かった扉をひらき五体投地の敬礼《きようらい》をくりかえす。そしておよそ一時間の誦経、そして祖廟へ朝の供膳である。境内外は落葉一つもなく、箒目を立てていつも清掃する。いまはそうした籠山行がここだけにしか伝統を存していないのでひどく希少価値をもって見られているが、本来比叡山の学業は一二年の籠山行を原則としておったわけで、これがいうなれば当り前のことだったのである。いまはあたりまえのことを省略して原型どおりやる人がいないから、やっている人がひどく希少価値をもってみつめられることになる。おかしなことである。当り前のことをやる人がいないので、たまたま真面目にやる人があると珍しい、えらい人だ、よくやりとげたとほめそやされるのも本末顚倒なことだといえる。しかしとにかく籠山行の律僧は宗祖が生けるがごとくいまも奉仕しつづけているのである。浄土院の掃除地獄という言葉もあるくらい、つねに清浄を保たなければならない。それだけにいつ訪れても俗塵をはなれて白砂清浄、その名のごとく浄土院の感がする。御廟宇の中には宮殿《くうでん》厨子《ずし》があり大師の御木像をお祀りしてあると聞きおよんでいる。

高野山の御廟は終日参詣者があって香煙は縷々としてあたりにたなびいているが、浄土院御廟は近年までは全く知る人もなき塵外の清境であった。近年は西塔や奥比叡の開発にともなって、時たまハイカーが訪れているが、しかしどれだけの人がこの場所の宗教的意義を理解しているのだろうか。それだけここも俗塵に触れはじめてきたことを感じる。菩提樹の大木が茂り宝前に据えた時香盤《じこうばん》からはいつも一条の香煙がたなびくのみである。

居士林　浄土院から西塔まで歩いて一五分くらい。亭々とした老杉にはきつつきのつついた穴がたくさんみられる。このあたりは「天然記念物鳥類蕃殖地」の中心でもある。朝早く訪れると小鳥たちの声は樹々の上から降るようであり、ほととぎすや仏法僧もふんだんに聞ける。こうしたよき環境を利用して居士林《こじりん》の修養所が設けられている。西塔の東谷本覚院の跡である。居士とは在家《ざいけ》（俗人）で仏道修行に打ち込む人である。居士林はとにかく在家の修行所として門戸が開放されている。ここでは法話のほか、おもに天台流の止観座禅や食事作法などが行なわれる。新採用の社員グループに活を入れるためにやって来るのもある。悩みごとをもつ人々が自分をためしにやって来るのもあると聞く。人それぞれにどれだけの効率があるかは知らないが、未知の世界をたとえ三日でものぞいてみた効能はあるはずである。止観の「止」とは心の動きを止めること、静かな呼吸によって心はひとときの動きを止めることができる。「観」とはその状態で心の本質を観極《み》めようと努力することである。静かな座禅止観には聞えざる自然のいぶきが、見えざる自然のうごめきが感じられよう。たとえ一ときでもそうした精神状態に入り得れば居士林の行はその目的は達せられる。自分の心の底をじっくりと味わってみるのにはやはりそれだけの環境と道具立がそろう必要もある。居士林はいま横川にある専門僧の行院とあわせていわば現代における比叡山の生きた宗教だといえよう。

比叡山の美術

高僧像 空海の将来目録に唐本の真言五祖画像が記録され、それらはいまも東寺に国宝として伝来しているごとく、最澄や円仁の将来目録にも多くの天台系高僧画像の名がみえている。『伝教大師台州請来目録』には天台山智者大師霊応図と大師説法影像幷仏頂及維摩四王六祖像（天台山国清寺壁画写）の二件、『慈覚大師入唐求法目録』には青龍寺義真和尚真影、南岳大師骨影、天台大師感得聖像影ほかたくさんの画像の名がみえるし、円珍将来録や宗叡将来録にもいくつかの名称がみえている。しかし天台系のものはいま一つも原本がのこっているものはないが、初期の比叡山にはこうした将来唐本の画像も少なくはなかったことが推定される。

また東塔の常行堂や法華堂の内陣にも中国の天台伽藍における堂内装飾画やその画風をまねて天台高僧像を描いた板絵があったことは記録にものこされている。

画像としてのこるものはないが彫像としてはいま園城寺の唐院に安置される智証大師（円珍）の彫像（山王院大師像と御骨大師像）の二体（国宝）は、初期における天台系彫像の代表的なものとして挙げられる。寛平四年（八九二）に円珍が七八歳で比叡山東塔西谷の後唐院《こうとういん》に没したとき、その遺告《ゆいごう》にもとづいて弟子たちの手によって造像され御影堂信仰の本尊として礼拝されつづけたものである。その一体は胎内に円珍の霊骨を納めているので御骨大師像とも称せられている。

山上における伝教大師像については『山門堂舎記』の中堂安置諸尊に関する項に「伝教大師真像一軀」とあり、上述したように根本中堂内の向かって左の厨子を大師堂としてここに祀られているものと考えられる。今日もここを大師堂または開山堂とするゆえんである。

藤原頼長の日記『台記』の久安三年（一一四七）六月二十三日の条には根本中堂内の伝教大師像に関して

初夜幸二中堂一、余候二御前一如レ常、但今夜両皇、為レ拝二礼伝教大師影木像一、座主褰レ帳、余執二紙燭一御覧

とみえる。ここに両皇というのは鳥羽《とば》上皇と崇徳《すとく》上皇とで、この一週間ほど両上皇は比叡山の三塔をめぐり諸堂を礼拝しておられたので、頼長はこれに従って登叡していたわけであるが、この記事によって当時根本中堂に宗祖大師の彫像のあったことがわかる。もちろん今日は旧像はなくなってしまったが、前述した園城寺の円珍像のごとき真像であったものと推定し得られる。

同様の記述が『台記』の六月十九日の条に

終日雨、午一刻詣二中堂一（中略）両院移二御前唐院一、先礼二慈覚大師木像一、次覧二宝物一

の記事があり、円仁の山坊前唐院にも同様な影像のあったことを明らかにしている。

平安時代に製作されたすぐれた天台系高僧画像群は兵庫県の法華山一乗寺に伝わっているが、龍樹・善無畏・慧文・慧思・天台・灌頂・湛然そして伝教と円仁、インド・中国・日本と三国相伝の天台文化のあとを示すものだが、おそらく上述した将来目録記載の画像にもとづいて描かれているものと考えたい。

いま比叡山にのこる一番古い高僧像は勅封になっている「天台智者大師像」(重文)だが、私はこれをまだみていない。そのつぎに位するのは無動寺谷から発見された相応和尚の画像である。相応は上述した回峰行の創始者である。線描・墨彩のほぼ等身の画像で、素朴なうちに迫真のこころを伝える画像である。いまから二十数年前、比叡山の総合調査の折に無動寺明王堂からひどく破損したこの画像を発見した日の想い出はいまも忘れ得ない。そののち重要文化財に指定もされ、表装も改修されてすばらしい文化財となっている。しかも山上に現存する天台高僧像としてはもっとも古いものとして貴重な存在であり、これを通して、いまはなき多くの天台系画像への想いを偲ばせるものである。

良源は第一八代の座主、慈恵大師・元三大師などと呼ばれ、叡山中興の主であることはすでに述べてきたが、いまも全山の各谷には良源画像は非常に多い。いちばんルーツとなるものは横川定心坊にあったというが、いま全山にのこるものは鎌倉期以降のものばかりで古いものはない。

横川にあった古画像については、その成立に関して奇瑞の霊験譚につつまれている。良源が入寂する前夜、夜更けまで定心坊で止観三昧をしていたとき、燈明のまたたきによって傍らの壁に影像が映っていた。座禅をおえて立ち去った後にも壁上の影像は消えず、不思議に思って近づいてみたところ、いかめしい表情はもとより、襟元の重ねや衣文《えもん》の色目まで鮮かにみえたという。弟子尋禅はこの奇瑞を感じ料紙を出して摸写をはじめたところ、写し終えた部分から影像はかき消すように消え去ったという。そしてこの霊験感応の画像が出来上がると翌日良源は入寂したので、この画像を住坊であった定心坊にかかげて、ここに御影堂信仰が成立することになったと伝えられている。

いまも十六谷には元三大師の画像が多いことは前にも述べたが、彫像もすぐれた等身像が山上山下に三体、いずれも重要文化財に指定されている。山上では西塔本覚院の元三大師像、西塔黒谷の元三大師像、山下坂本の求法《ぐほう》寺にある元三大師像である。西坂本の曼殊院門跡にも一体あるのを加えると四体である。いずれも鎌倉時代の銘文を誌したすぐれた彫像である。

三塔の建築　比叡山の建築について文化財的な観点から少し述べておこう。まず東塔から述べるとすでに若干触れてはきたが、やはりまず根本中堂である。別名を一乗止観院と称し、また比叡一山の主堂でもあることはすでに述べた。またその起源が最澄のはじめて建てた小堂の後を継いでいることもすでに述べたとおりである。今のような型式の前身はやや小型のものとして平安中期にすでに出来上がっており、内陣を二メートルも低い石だたみとする天台式伽藍の特異な様式もこの堂からはじまっている。奈良時代の堂宇はそのすべてが大陸式の石だたみであったことを考えれば、中外陣を板敷にしたのはいわば大陸式と和式の折衷で、それが天台式なのだという考え方も出てくる。とにかく中外陣よりも二メートル以上低い石だたみの真暗闇の中に三つの大きな厨子（宮殿《くうでん》）を据えて、中央に薬師如来（本尊・秘仏）、向かって右に文珠菩薩の厨子、向かって左に開祖伝教大師像を祀る厨子（開山堂・大師堂）を据えている。中央に三つの大きな燈明《とうみょう》をおき、いわゆる消えずの法燈としている。これは電燈ではない、今日でも種油《たねあぶら》をそそいで燈心《とうしん》で聖火をともしつづけているのである。油がきれたら大変、たえず注意をくばっていなければならないのだ。油断大敵という言葉があるとおり、油断したら消燈してしまう。千年の法燈を守る心は、比叡山仏教の法燈を盛にならしめる心に通ずる教訓でもあるのだろうか。

改築最初の中堂の原型は円珍（智証大師）が座主の時に考えられている。元慶六年（八八二）から仁和三年（八八七）まで六か年がかりで九間四面という、いまよりは一まわり小形の大堂がまず出来上がったのである。承平五年（九三五）にこの堂は焼亡するが当時の座主が慈恵大師良源（第一八代）というやり手の時であったからすぐに復興している。しかも一まわり大きく桁行（正面）の柱間が一一間、梁間の柱間が四間という、現形に近いものがこの時に出来上がったというのである。中央の七間分が本尊薬師、右の二間分が文珠堂、左の二間分が大師堂ということである。元亀兵乱（一五七一）にはこの堂も焼けた。巨大ないまの堂宇は近世比叡山の復興がまず秀吉によって援助せられ、つづいて天海僧正の努力で近世山門領五〇〇〇石が安堵した時点からすべてははじめられているが、この堂は寛永十七年の完成である。棟の高さが約五〇メートル近い巨大な堂は近世復興の気宇の壮大さを伝えるものである。

御衣御修法《ぎょいみすほう》、日々不断御修法《にちにちふだんのみすほう》といった重要な年中行事、日中行事はこの内陣で行なわれつづけている。中堂は前庭をとりかこむ廻廊をめぐらしている。主屋の屋根は銅板葺だが、廻廊の屋根は叡山古来のしきたりである栩葺のままである。廻廊の延長は約一〇〇メートル、内外の複廊で外側は石だたみ、内側は板敷き、主堂は国宝、廻廊は重要文化財である。廻廊でとりかこまれた内庭に左右二つの石がこいに竹を植えている。大師が中国から将来された天台山の竹だという。それはともかくこの竹に山王七社と天下の諸神を勧請してあるというから、一種の鎮守様みたいなものだと考えてもよい。廻廊にある数百の蟇股のデザインなどみなとりどりの意匠であるが、こうしたものを一々ていねいに見てまわれば一日はかかる。私はこの堂を日暮らし堂と名づけているゆえんである。

中堂を中心として前方の丘上に文珠楼院がある。中堂の楼門のような形で位置しているが、円仁が中国五台山になぞらえて比叡山を文珠の霊境とするために建立したことにはじまっている。だからいまも楼上には文珠を祀っている。堂の四隅に天台山の霊石が埋められているとも伝えている。ここからみた根本中堂は壮観である。近世建築では巨大の一語につきる代表的な建物であることをつくづくと思う。

根本中堂の後方の丘上に大講堂がある。昭和三十一年十月もとの堂は炎上してしまった。重層・天台式の巨大な建物であったが惜しいことをしてしまったものである。いまはここに名前は大講堂だけれど、旧堂には較べ物にならない大講堂（国重要文化財）が建っている。山麓にあった東照宮の本地堂（三仏堂）を移建して大講堂の代用としているわけである。五年一度の広学竪義の法華大会などはこの堂で行なわれることになっている。奈良時代の伽藍配置でも金堂と講堂はいつもペアとなっているが、比叡山では中堂が金堂に当る。立地に高低差があって、奈良の寺のような平面に配置し得ないところに山岳性伽藍の面白さもあるわけである。大講堂からまた一段高い丘上に一乗戒壇院がある。延宝六年の建物だが重要文化財、方五間の宝形造り。近年の改修でこれも栩葺に改められている。重層で上層屋根の正面に唐破風をつけている。あまり堂々たる建築ではない。中世には回廊をめぐらす一院を構成し主堂ももう少し大きかったようである。内部はすでに述べたように石だたみの戒壇を形成して古式を存している。一乗戒壇の堂を建てることは大師一生の念願であり、この許可は大師の没後一週間目に許可になったことはすでに述べた。小さな建物ではあるが比叡山にとっては天台法華宗の独立を表示する大きな宗教的意義をもつ堂である。

ここからまた一段高い丘上に、昭和の建築である阿弥陀堂がある。日野法界寺の阿弥陀堂に範をとり、丈六の本尊を安置する。いわば滅罪回向《めつざいえこう》の堂である。比叡山は古来の学山である。どの堂宇も宗教や哲学の実践と思弁の場としてのみ存在する。信者としてお参りする堂はなかったわけで、その意味で阿弥陀堂は信者のために建てられた御堂だといえる。現在この堂に並んで多宝塔形式の法華総持院が再建されつつある。前述した六所宝塔院の一つ、近江宝塔院（東塔）の再建である。これも元亀兵乱で焼亡してから今日まで建っていなかったのである。法華総持院は円仁の手によって比叡山密教の根本道場とせられ、曼荼羅堂や灌頂堂が付属して根本中堂につぐ大きな施設であったことが知られているが、いま再建されるのはその主堂だけである。ここから少し西のほうへ歩くとその辺一帯が東塔の西谷である。西谷の主堂は山王院、いまは小さな堂が一つのこっているが、かつてはこのあたりに円珍の後唐院が営まれ、円珍学派の中心となっていたところである。

山王院の脇から石燈籠の並ぶ坂路を降りきるとそこが上述した浄土院御廟である。ここに一二か年籠山の侍真がいて、いまも入定の宗祖に奉仕されていることについてはすでに述べた。いつ行っても清潔な白砂が印象にのこる。

浄土院を過ぎて一キロほど行くともう西塔である。杉並木が美しい林相を呈し、まず正面の林間に常行堂と法華堂がみえて来る。文禄四年の建築で宝形造り、二つ全く同じ外形の建物、朱塗が老杉にはえて美しい伽藍景観をみせる。法華堂（向かって右）は普賢菩薩を本尊とする常座三昧堂、常行堂（向かって左）は阿弥陀如来を本尊とする常行三昧堂で、ともに重要文化財である。

ここから坂路を下るが、下方の広場に朱塗りの大きな堂がみえる。西塔の主堂たる釈迦堂である。七間に八間のほぼ四角な堂で大変に奥深く、ここも内陣が一メートルほど低い石だたみの天台式伽藍である。内陣の中央の厨子に本尊釈迦如来を祀るが、藤原時代末の嵯峨式の釈迦立像（重要文化財）

である。

釈迦堂の向かって左脇を登って行くと相当高い丘上に相輪橖がある。六所宝塔院の一つ山城宝塔院の名を伝承するものである。高さは一〇メートルを超える、青銅鍍金、普通の塔の相輪部を地上に立てたような姿である。現存のものは明治二十五年に改鋳されたものだが、由緒ある建物なので重要文化財に指定されている。

ここから棟路《むねみち》を四キロ北に歩けば横川、もちろんいまは奥比叡ドライブウェイがあるから一〇分くらいで横川に着いてしまう。横川は円仁によってひらかれ、はじめ北塔と呼んだということはすでに述べたとおりである。主堂の横川中堂についても、元三大師堂についてもすでに詳しくその歴史と現況を述べたからここではくりかえすことをさしひかえるが、横川中堂の本尊聖観音については若干追記をしておかなければならない。横川には阿弥陀如来を本尊とすることが最澄の念願となっていたようだが、円仁が渡唐の折に聖観音の霊験をうけたということで、当初から聖観音を中尊とし、左右に不動明王と毘沙門天を随侍させるという三尊形式の本尊として祀られてきた。現本尊は藤原時代の作で寄木《よせぎ》造り内刳《ぐ》り、素木《しらき》にキリガネを多く使用した荘厳《しょうごん》の素朴な像である。腰を心もち左にひねり、左手に蓮華を持つ、像高は一メートル五〇センチほどである。いまは新中堂の内陣厨子に安置されているが、秘仏ではないのでいつでも礼拝できる。こうした主堂のほかに旧恵心堂跡、恵心僧都の墓、道元禅師の修行地、日蓮聖人の修行地、これも上述した元三大師の御廟《みみょう》、そして大正十二年に建った根本法華塔（多宝塔）などが、数多くのこる山坊址とともに詳しい探訪に答えてくれる。かくれた文化財や遺蹟の多いところである。横川は円仁・良源・源信この三人の宗教家にとってはホームベースであったので、その遺物遺構はたずねればたずねるだけのものはある。ここに立って丹波高原に落ちる壮大な夕日を眺めていると、源信の日想観《じっそうかん》が想われ、そこから山越《やまごえの》弥陀《みだ》や来迎芸術へのイメージも展開して来る。

門前町坂本とその文化財

門前町と里坊 比叡山の東麓を坂本という。昔は京側の修学院口を西坂本、ここを東坂本と呼んだ。いわゆる門前町としてひらけ、宗教都市としての特異な発達を各時代にわたってとげてきた町である。南に少し離れた穴太《あのう》の集落を南坂本と呼び、湖辺に接して古くから三津ヶ浜と呼ばれた下坂本を浜坂本と呼んでいる場合もあるが、ここではそれらを総称しての東坂本と考えておきたい。

東坂本から山上へは東塔の中心に導かれる表登山路（本坂《ほんさか》）をはじめ、横川へ通じる大宮渓路、叡《え》南《なみ》へ登る無動寺路、飯室を経る横川路などいくつかの参詣路がひらかれている。山麓には多くの里坊《さとぼう》が群在し、それらは「穴太衆積み」と呼ばれる南坂本在住の石工《いしく》の手になる美しい石垣をめぐらせ、城郭風の構えをみせた特異の門前町景観を保持している。ことに日吉社の二の鳥居から、山口に至る参道左右の景観は、比叡山への参詣道をも兼ねており、その歴史的景観は今後も充分に保全されるべき価値をもっている。これらの里坊には山清水を自由にひいた築山《つきやま》泉水の庭園があり、御内仏《おないぶつ》と呼ばれる仏堂にはすぐれた仏像を安置し、山上山下の諸施設は一体としての文化財集中地域を形成している。

比叡山上は三塔十六渓に分かれ、そこには九院・十六院などの大伽藍を中心として、最盛期にはいわゆる三千坊の盛況を呈したというが、山上におけるこうした厖大な宗教施設にともなう補給基地としての坂本は、つねに大きな意義をもちつづけてきたところである。山上には生産的なものは何一つない全くの消費地であって、ここに籠山して結界を出ることを許されなかった一山大衆のために、多くの物資を調達し、これを担ぎ上げることは、恐らくいつの時代にも坂本にとっては大きな課役であったにちがいない。そのためには山下の調達所といった性格のものも、早くから開設されていたと思わねばならない。三塔の総理坊と呼ばれる止観院（東塔）、生源寺（西塔）、弘法寺《ぐほうじ》（横川）などは、そういう性格をもつ山下の代表的な施設であり、そこでは近江をはじめ諸国に散在する巨大な山門領の料米収納のことなども、重要な責務の一つとなっていた。諸国から叡山に集まって来る人々、その中には末寺から得度や灌頂や加行のために集まって来る宗門の人たち、あるいは本山へ参詣のために全国から参集する信徒の群などで、常にざわめいた繁栄を呈していたことも考えられる。東国の人々は朝妻港から坂本港へと湖上を渡って上陸し、北陸路の人もやはり江北《ごうほく》からは水路で坂本港に上陸するものも多かっただろう。山上に登るには、まず日吉社にぬかずいて宮川に旅の垢離《こり》をかき、旅籠《はたご》や里坊に旅のつかれを休めたことであろう。

浜坂本の湖畔には物資を運搬するための回漕問屋や運送業者も多く開業していた。中世には天皇や将軍の日吉詣でや日吉祭における勅使派遣などの表だった行事のために、坂本が動員されている幾度かの記録をみることもできる。こうした門前町坂本、港市坂本の姿は相当早くから整っていたことだと思うが、文献史料の上にこれを確認できるようになるのは室町時代からのちである。『後法興院政家記』『多聞院日記』『室町殿御社参記』『満済准后日記』『言国卿記』『言継卿記』などの記録によって、中世坂本の実情は極めて明確に把握することができる。

当時の坂本には二万に近い人数がおり、大津と並んで湖上交通の一中心をなしていた。大津港は三井寺の勢力圏にあったので、これに対抗して坂本港が山門の庇護のもとに特別の繁栄をもたらすに至ったわけで、大津港が主に大関越えによって物資を京へ運んだのに対して、坂本港の物資は山門の消費と山中越えによる京との交易にも多くの収益をあげていたという。

室町時代末の動乱期に各地で起こった「土一揆」と呼ばれる社会的な争乱も、坂本港における「馬借《ばしゃく》」と呼ばれる港人足や運搬夫らの蜂起にその発源が求められているが、彼らの行なった一揆がそのように大きな社会的反響を与えたということは、その勢力と存在が、いかに大きなものであったかを語るにほかならない。当時の比叡山は琵琶湖の湖上権益のほとんどを独占しており、その方面の総元締をしていたのが湖東芦浦の観音寺別当であった。ここは寺というよりも比叡山の出先事務所といった性格をもっており、琵琶湖の船頭や水夫たちはみな観音寺別当の支配下に入っていたという時期もある。秀吉が朝鮮に出兵した文禄・慶長の役《えき》には、観音寺別当は琵琶湖の船頭らを集めて船団を編成し、軍兵や物資の輸送に従って大いに軍功を立てるところがあったといわれている。信長による焼打ちの後、まさに壊滅に瀕していた比叡山が、割合に早くその勢力を挽回することを得たのは、この時の軍功に報いて秀吉から山門復興の機縁を与えられたことに起因している。

山門公人衆　中世以前において一山の僧徒はその一生を山上に過し、山下に居住することは原則として許されなかったのだが、焼打ちを契機として次第に山下に居住する者を生じ、山坊《さんぼう》に対する里坊が営まれはじめるようになった。またこの頃からのちは天台座主も坂本に本拠を占め、六〇歳をこえた老僧には「里坊を賜わり」、山下の居住を正式に許されるようにもなったので、ついに今日のごとく里坊の群在する特異の門前町風景をみせることとなった。近世の座主はそのほとんどが法親王であったから、その居所を滋賀院御殿とも称したが、石垣の上に白壁をめぐらせた堂々たる表構えは、近世封建的土地体制の上に営まれた教団の勢威を目のあたりに示す景観である。

こうした山下の関係機関において世俗的な寺務にたずさわり、日吉社の祭祀をはじめ、一山の警護などにも当っていたのが「山門公人《くにん》」と呼ばれる階層の人たちである。中世には一山大衆を分かって衆徒と堂衆と山徒の三階級としており、衆徒はその出身が正しい名門の子弟たちで、一紀籠山（一二

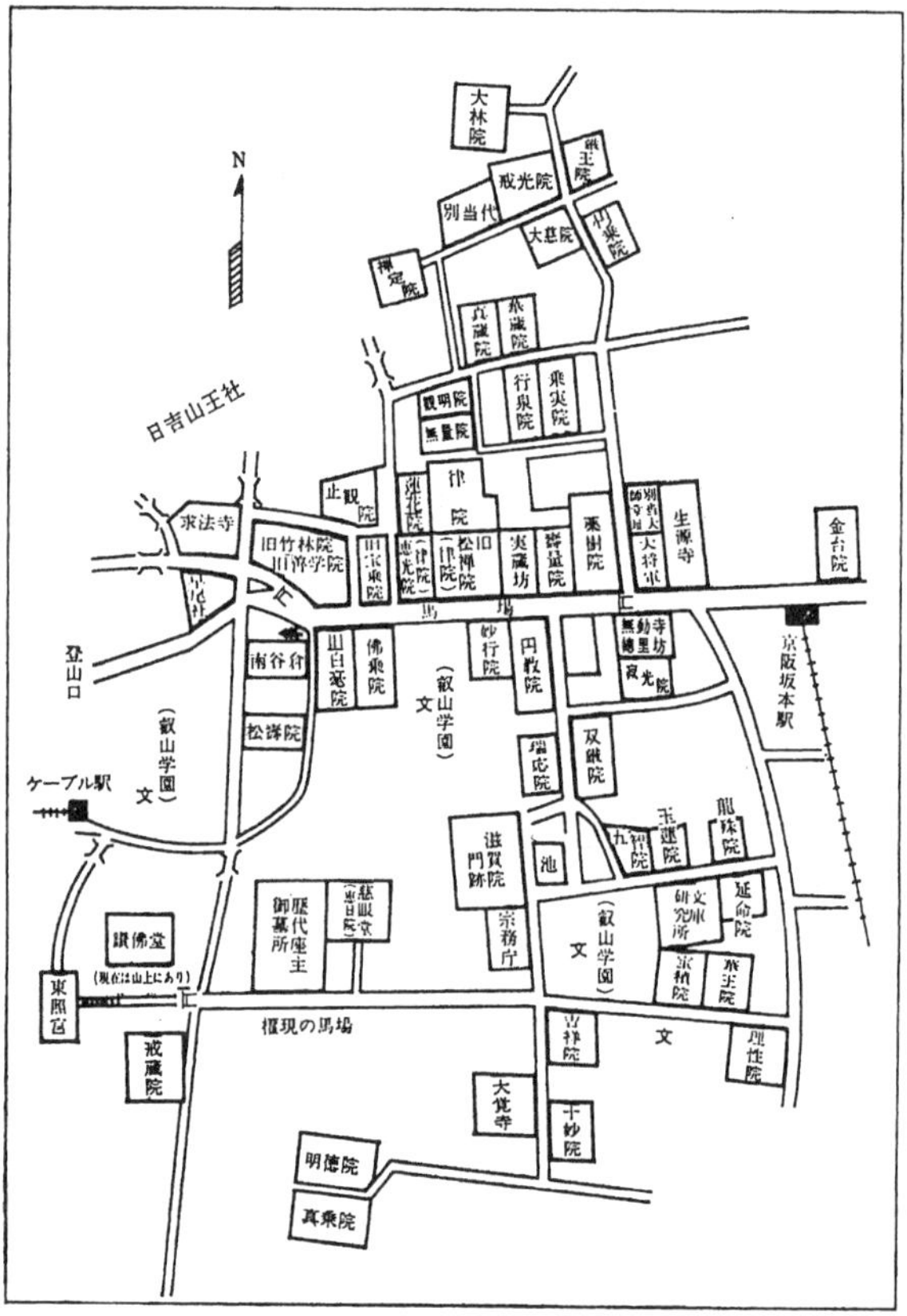

坂本里坊分布図

か年）を終えた上は、将来の学僧への路を選んですすむもので、その器量によっては大僧正や探題への路もひらかれている階層であり、堂衆はさほど名門の出でない子弟や衆徒への路を断念した者らが属する第二の階級であった。山徒はその下位にあり、のちには僧《そう》形《ぎょう》のまま妻帯して山下に居住し、一山の庶務を取り扱った下級の僧徒をさしている。堂衆と山徒らがいわゆる僧兵などの主たる構成要素をなしていたもので、近世の公人といった階層は、こうした中世の山徒から直接のつながりが見いだされる。近世期において再編成された門前町の主な里坊寺院の配置を図示すると前図（九六ページ）のようになる。

滋賀院とその宝蔵　江戸時代には法親王たる天台座主の住坊を滋賀院御殿と称した。いまも座主の住坊として滋賀院門跡と称している。山下の総本坊であり、表構・書院・庭園などにもみるべきものがあり、御内仏と称する仏堂には重文指定の阿弥陀如来立像と吉祥天立像を祀っている。

阿弥陀如来立像（重要文化財）一軀　寄木造り、截金《きりがね》文様をほどこし、玉眼を嵌入する美しい影像で、総高は九六・五センチ。とくにとりたての特色もないが、来迎印を結んで、その流れるような衣文《えもん》は印象にのこる。鎌倉時代の作品だが、同様な作例がやはり里坊の乗実院にもあり、ともに重要文化財に指定されている。

吉祥天立像（重要文化財）一軀　これも滋賀院仏堂の後堂に安置される一木彩色の彫像で、像高約一メートル、藤原時代の作品である。

刺納衣と刺納袈裟（国宝）二領　これらについてはすでに述べたところであるが、伝教大師が入唐求法の際に、天台山の荊渓和尚から授かって将来したという秘宝である。『天台霞標』に「この法衣は荊渓和尚の身につけておられたものを授かったのだが、自分のなきあとはつねにこの糞掃衣《ふんぞうえ》をもってわが心と思い、仏法に精進せよ」と、伝教大師が弟子に遺言されたとみえているのは、恐らくこれらの品をさすものであろう。いずれも麻の小片をほぐして刺子《さしこ》風に芯地に縫いつけた一種の保温用の衣服で、糞掃衣と呼ばれるほどに質素な僧衣である。刺納衣は大きなガウンのような仕立てであり、袈裟も全身にまとう大きな七条袈裟である。法隆寺献納御物《ぎよもつ》や正倉院御物の僧衣につぐ遺宝ではなかろうか。

滋賀院御殿の奥庭つづきに慈眼堂と呼ぶ天海僧正（慈眼大師）の御廟と、その護持僧の住坊である恵日院がある。宝形造りの廟堂内には**慈眼《じげん》大師木彫像**（重要文化財）を安置してある。木造彩色、像高七七センチの等身座像。赤い七条袈裟をつけ、白い探題帽をかむり、右手と五鈷杵をにぎった左手で数珠をまさぐりつつ、いかにも傑僧らしい風貌を示している。

ここの墓所には天海からはじまって、近世期歴代の法親王や座主の墓塔がつらなり、石造の巨大な宝塔や層塔、石仏などが群在して壮観を呈している。

妙行院の頬焼地蔵　妙行院は日吉社参道の中程、南側にある美しい新築の里坊。ここの本尊は**地蔵菩薩立像**（重要文化財）であるが、像高九六・五センチ、寄木造り、彩色、玉眼、截金技法の美しい鎌倉時代の彫像。もと山上横川の般若谷にあったもので、俗に頬焼地蔵尊と呼ばれて信仰が厚い。『元亨釈書』に出て来る頬焼地蔵の説話によると、かつてこの像が横川般若谷の地蔵堂にあったころ、賀能と呼ぶ樵夫《きこり》が、雨漏りで濡れているこの木像に笠をさしかけてあげたことがあった。彼はそののち病死して地獄におちたところ、たちまちこの地蔵尊が出現して極楽往生の念願をとげしめたが、この救出作業の時に負うた火傷のあとが、いまもこの地蔵尊の右頬にのこっているというのである。

律院の大黒天　東塔無動寺谷の里坊龍珠院に伝わったこの**大黒天立像**（重要文化財）、いまは律院に移されている。頭巾をかぶり、狩衣《かりぎぬ》のような袍と短い袴をつけ、左の肩に袋をかつぐ、像高七七センチ、寄木造り、玉眼入りの立像。福々しい容貌の奥に、まだ若干のきびしさをとどめているのはこの像の古さを物語るものであろう。最近の調査によって首の枘《ほぞ》の内側から発見された墨書銘によると、正安二年（一三〇〇）から三年にかけて、金剛仏子寂尊の造像であることがわかる。

別当大師堂の本尊　日吉大社の石鳥居脇を少し北へ入った東側にあった小堂で、別当大師光定を祀る一山の子院。ここの本尊として祀られていた**光定大師立像**（重要文化財）は、やはり大黒天の彫像であろう。高さ八二センチ余、一木彫りの素朴な感じのもので、頭巾をかぶり、袍をつけ、沓をはき、右手に鍵（後補らしい）、左手に袋をかつぐ姿。室町時代の作品である。叡山では大体に山坊・里坊とも台所まわりには、必ず厨《くりや》の守りとして大黒天を安置するのが昔からのしきたりとなっており、新しいものもまじえて、いまも山上山下の諸院にはたくさんの大黒天像を伝えている。

求法寺の元三大師　求法寺はやはり一山の子院で、東塔の南谷に属している。日吉大社の境内に接し、大宮川にのぞむ景勝の寺。走井祓殿社のすぐ傍らにあるので走井堂と呼んでいるが、本尊として慈恵大師良源を祀っているので、俗に元三大師堂と呼ばれる。大黒天と同様に比叡山では、一山の僧坊にはほとんどみな元三大師を祀っているが、とくに横川の四季講堂と西塔の本覚院とこの求法寺とは、山上山下における元三大師信仰の中心である。横川のほうは尋禅阿闍梨が感得したという霊験の画像を本尊としているが、本覚院とこの求法寺は、ともに重要文化財の彫像を安置している。本覚院像は胎内に文永二年十二月仏弟子栄盛の発願した三十三体像の一つであることを明示する墨書銘があるが、求法寺像のほうには底板に文永四年（一二六七）に仏師法橋院農と絵師法橋快円らが造像した由を朱漆で銘記している。いずれも等身の坐像で、慈恵大師像独特のいかめしい容貌と姿態を示している。

慈恵大師良源は第一八世の天台座主として、治山は一九年間にも及び、宗祖からおよそ百数十年を経て、すべてにわたってやや沈滞の気味にあった比叡山教団を賦活し、僧兵の跋扈《ばっこ》を押え、堂塔や法儀を再興するなどその功績は大きく、いまに至るまで叡山中興の祖と崇められている。三塔十六谷の山坊にみな元三大師像を安置しているゆえんはここにある。

このほか山下の諸院に祀られている。重要文化財の彫像では、**玉蓮院の不動明王二童子立像**（鎌倉時代末期）、**寿量院の阿弥陀如来座像**（室町時代初期）、**大林院の不動明王座像**（藤原時代の初期）などがある。

実蔵坊の毘沙門天画像　明王や天部の画像は法要儀式の必需品としてすぐれたものがたくさん伝来していたはずであるが、やはり元亀兵乱によって失われ中世以前の遺宝は少ない。毘沙門天は『儀軌』によると甲冑《かっちゅう》をつけ、二邪鬼をふまえ、手には宝塔と宝棒をささげ、時には二天女が宝花をささげると誌されているが、この画幅はほぼそのとおりに描かれている。全般に截金彩色のきらびやかさが、まず印象にのこる。画面一杯に大きな二頭の獅子をふまえて立つ前には、宝珠をささげた聖女と花をささげる白衣の童子がみえる。ぐっとにらみすえた大きな眼力、ささげる宝塔と宝棒にも気迫がこもって、烈風のさなかであろうか、衣服は後へひるがえり、輪光背のうすい炎はかすかな音を立ててもえさかるようである。鎌倉時代の作品だが、筥の墨書銘によるともとは摂津の多田院にあり、のち大和龍山の杉生寺から多武峰に移り、さらに比叡山へきたものだという。おそらく元亀兵乱の後で補充された仏画の一つであろう。

大林院の不動明王二童子画像　比叡山では東塔の無動寺谷と横川の飯室谷が不動信仰の中心であり、その本尊はそれぞれ重要文化財に指定されているが、本来が密教の山であり、また回峰行者の本尊仏でもあるから、三塔十六谷にわたって多くの不動尊信仰はあった。山下の彫像では里坊の大林院と玉蓮院のものが重要文化財に指定されている。画像ではこの大林院と恵光院にそれぞれ不動明王二童子像を伝えている。いずれも鎌倉時代の大幅で重要文化財であるが、ここでは大林院本について述べる。

波濤の荒れる海中の大磐石に利剣《りけん》と羂索《けんさく》をもち、全身に火焰を負うて立っている。この不動尊の特色の一つは利剣が極めて長く、右手は剣の柄を握らずに、刃の中程をぐっと握りしめているところにあるが、それだけに力強い迫真力をそなえている。傷みもひどいが墨の描線、白色の肉身、朱と金彩のまじった火焰光の配色はとくに印象的である。

安楽律院の阿弥陀二十五菩薩来迎図　人は臨終正念《しょうねん》の時に、かならず弥陀の来迎《らいごう》を観相することができるという信仰は、もともと叡山の横川から発している。源信の『往生要集』に出るこの思想は、やがて鎌倉時代における浄土信仰系諸宗の根本理念となり、民衆信仰としてひろがった。弥陀を中心とする二十五菩薩の群像が、天来の妙音を奏でつつ、一すじの紫雲に乗って、はるかな西方《さいほう》の浄土から、現世に向かって来迎の相を示すという情景には、壮大な幻想と華やいだ歓喜の中に、一抹の哀感をただよわせる。日本の風土と環境の中でつちかわれた思想信仰の中でも、この宗教的浪漫世界の美しさは、その広さにおいて、またその深さにおいても、正に世界的なスケールの思念だといえよう。奥比叡の神秘な静けさの中から生まれたこの思想には、やはり比叡山のもつ自然相の美しさと大きさが、うしろだてであったことを思わねばならない。いま高野山の所有に帰している巨大な「弥陀来迎図」(国宝)も、もとは叡山横川の霊山院に伝わっていたもので、ここの阿弥陀堂で行なわれた「迎え講」の本尊としておがまれてきた霊宝である。さすがに浄土思想の根源地に恥じない名画が、横川では育くまれたものだと思う。

山内の諸院にもいくつかの来迎図はあるが、ここにあるものが最もすぐれている。安楽律院は横川の山麓にある別所谷でやはり浄土信仰には縁の深い山坊である。

山王七社　比叡山の地主神として深い関係をもつ日吉大社には東本宮と西本宮とがあり、それぞれに摂社や末社が付属しているので、昔からその社域は広く、神体山と呼ばれる牛尾山を中心とする美しい自然景観の中に、多くの社殿や付属施設が散在している。東西両本宮の神殿が国宝に指定されているのをはじめ、重要文化財の建造物が一六件もあり、上述した比叡山上の伽藍施設や門前町坂本の諸施設と相まって、やはり文化財の重要な集中地区、景観文化財としてもすぐれた保存地域を形成している。

東本宮の創立は一番古くて、いまから一五〇〇年くらいの昔に神体山を崇敬の対象としてはじまった原始的な信仰に源を発している。神体山の頂上にはいまも二社の奥宮（山宮）が、古代の祭祀遺跡たる磐境《いわさか》の巨岩をとりまいて建ち、大山咋命《おおやまぐいのみこと》と玉依姫命《たまよりひめのみこと》を祀っている。山麓にはおなじ男女二柱《ふたはしら》の神々を遷した里宮が祀られているが、その一つが大山咋命を祀る二宮（小比叡社）と、もう一つが玉依姫命を祀る樹下宮《じゅげ》（十禅師社）である。山上の二柱は「荒魂《あらみたま》」と呼ばれ、山下の二柱はその「和魂《にぎみたま》」だと呼ばれているが、古代の祭祀では春に神体山から荒魂の神々を迎えて山下の祭祀場に祀り、農耕の豊饒を祈るのが習わしとなっていた。こうした行事を「みあれ」と呼び、その祭祀を「としごい」といったのである。このようにして山宮から里宮へ迎えられた神々は、和魂となって集落の平和と一か年間の豊饒を見守ってくれるものと信ぜられたのである。だから神体山の麓には一定の祭祀場（神地）があって、そこに毎年定まった時期に里宮が営まれてきたのである。秋の収穫が終わると新《にい》苗《なえ》を神にささげる「にいなめ（にいなえ）」の祭が行なわれ、神々は司祭者の手によってふたたび神体山に送りもどされるのである。日本の古代祭祀は、このように農耕という社会生活をなかだちとして、米を作るために神を祀り、神に米をささげて一年の祭祀を終わるのが、一つの型、一つの周期と

山王二十一社一覧

	社格	現社名	祭神名	旧称	本地仏
上七社	本宮	西本宮	大己貴命	大宮（大比叡）	釈迦
	摂社	宇佐宮	田心比咩命	聖真子	阿弥陀
	〃	白山宮	白山比咩神	客人	十一面
	本宮	東本宮	大山咋神	二宮（小比叡）	薬師
	摂社	牛尾宮	大山咋神荒魂	八王子	千手
	〃	樹下宮	鴨玉依姫神	十禅師	地蔵
	〃	三宮	鴨玉依姫神荒魂	三宮	大日
中七社	摂社	大物忌社	大年神	大行事	毘沙門
	末社	牛御子社	山末之大主神荒魂	牛御子	大威徳
	摂社	新物忌社	天知迦流水姫神	新行事	持国天
	末社	八柱社	五男三女神	下八王子	虚空蔵
	摂社	早尾社	素戔嗚神	早尾	不動
	〃	産屋社	鴨別雷神	王子	文珠

して成り立っていたのである。

こうした古代社会における祭祀習俗が、場所として固定し、施設として固定し、思想として整理されたのがやがて神社の起源となってくる。「米をもって神を祀る」という柳田国男氏の言葉のごとく、日本の古代信仰は原始農耕の社会から生まれ、育くまれてきたものにほかならない。

　日吉社における神体山とこれをめぐる東本宮系の神々の姿は、こうした古代信仰のティピカルな姿を示しつづけているが、こうしたタイプの古い信仰に発す

	下七社						
末社	末社	〃	〃	摂社	末社	〃	〃
宇佐若宮	樹下若宮	竈殿社	〃	氏神社	巌滝社	剣宮社	気比社
下照姫宮	玉依姫神	奥津彦神 奥津姫神	〃	鴨建角身命 琴御館宇志麿	市杵島姫命 湍津島姫命	瓊瓊杵命	仲哀天皇
聖女	小禅師	大宮竈殿	二宮竈殿	山末	岩滝	剣宮	気比
如意論	龍樹	大日	日光・月光	摩利支天	弁財天	不動	聖観音

る神社では、古墳との関係もまた見のがせない。古墳祭祀から神社祭祀へと発達してきた要素も多いからである。日吉社でも神体山や東本宮の神々をとりまいて横穴式古墳が群在し、神体山信仰と古墳信仰との間に深い歴史的な相関性のあったことを思わしめる。

　こうした東本宮系の四社にたいして西本宮系の三社がある。大己貴命《おおなむちのみこと》を祀る大宮と、田心比咩《たごりひめ》を祀る宇佐宮と、白山比咩《しらやまひめ》を祀る白山宮である。社伝による大己貴命は天智天皇が大津京造営のとき、大和の地主神である三輪山の神を都近くに遷したのにはじまるということになっている。宇佐宮や白山宮もおそらく平安期になってから迎えられてきた神々であろう。田心姫は九州の宗像三女神の一つであるし、白山比咩は加賀の白山に祀られる女性神である。

　上述した東本宮系の四社とこの西本宮系の三社をあわせて「山王七社」と称するわけだが、これは天台の教義にもとづいて北斗七星にかたどる地上の七座として選ばれたもので、のちさらに「中七社」と「下七社」が加えられて「山王二十一社」が成立することとなる。

中世にはさらに天台神道の影響によって「社内の百八社」が選ばれるが、「社外の百八社」に至っては、ひろく坂本の村落にある氏神から、比叡山上に散在する三塔の伽藍神や、西坂本の地区にまでその分布圏はひろがって来る。そうした二一六社におよぶ本宮・摂社・末社の分布圏が、とりもなおさず比叡山の宗教圏でもあり、また山門領の直轄圏だったとみておけばよかろう。

山王曼荼羅　神仏習合思想にもとづいて、平安時代には日吉山王の神々にみな本地地仏が割りあてられるようになり、やがてその思想を絵画に描いた礼拝画像が、山王曼荼羅として伝わって来る。まず中世に入ってほぼ固定した山王二十一社の本地仏名を一括して表示すると右のようになる。

山王曼荼羅はこうした神仏習合思想を母胎とする、中世の宗教思想界を背景として生まれた礼拝画像であって、天台系の寺院で重要な法儀執行の際には、まずその道場に山王曼荼羅をかかげることによって、そこに護法神祇を勧請し、その上で各種の法儀に入るのを習わしとしている。こうした法儀の必需品ということから、今日も天台系の重要な寺々には必ず山王曼荼羅の遺宝を伝えている。

山麓の生源寺に所有する**山王本地仏曼荼羅**は、竪三九センチ、幅二七センチという小さな画幅であるが、製作の年代は鎌倉時代初めのすぐれた垂迹図像である。構図は山王上七社の本地仏七体と二末社の本地仏二体を、一定の約束にもとづく配置によって描いたものである。

上段中央に大宮（釈迦）、その向かって右の千手が八王子、左の大日が三宮。中段中央に二宮（薬師）、その向かって右の弥陀が聖真子（宇佐宮）、左の十一面が客人（白山宮）。下段の中央に十禅師（樹下宮）の本地地蔵尊、その左右に末社の早尾（不動）と大行事（毘沙門）を描きそえている。古様を伝える典型的な山王本地仏曼荼羅で、鎌倉時代初期の作品である。

神　輿　日吉社の神輿は平安朝以来、山王祭礼と神輿強訴《ごうそ》のことにからんで史上に著名な存在である。はじめて日吉社に神輿が造られたのは元慶六年（八八二）頃で、このとき大比叡《おおひえ》（大宮）と小比叡《おびえ》（二宮）のために、まず二基の神輿が造立されている。ほかの五社の神輿もひきつづいて造られたのであろうが、恐らくこの頃までの祭祀は、いわゆる「ひもろぎ」（神様を迎える神木）で行なわれてきたのではなかろうか。

一般的にみてこうした頃から神道宗教の中には、次第に宮廷儀礼的な要素が加わりはじめて、社殿建築や、神像風俗や行事儀礼の上に、あるいはまた祝詞祭文《のりとさいもん》の形式や、神職の服制といったような点に至るまで、すべてが宮廷儀礼的な有職《ゆうそく》を重んじる色彩が濃厚となって、次第に自然神道的な要素が失われはじめてくる。葱華輦《そうかれん》・鳳輦《ほうれん》といった宮廷的な要素も、そのまま神々の乗物としての御輿《みこし》（神輿）となって、神社儀礼の中にとりこまれてきたのである。しかしこれはただ神輿の発生といったような問題のみにとどまらず、その背後にはこのあたりから古い自然神道の姿が、次第に新しい社殿神道の姿にきりかえられはじめたのだという、神社史や思想史にもからむ重要な問題をふくんでいることを忘れてはならない。

ともあれ山王七社には、この頃から遠からずして七基の神輿が造立され、古式の神事にも使用されはじめるのだが、歴史上にはむしろ一山大衆らが、京への強訴にしばしばこれを用いたことによって知られてくる。神輿を用いる強訴のはじめとしては、嘉保二年（一〇九五）に関白藤原師通が山王八王子の神輿に鏑矢《かぶらや》を引き当て、その祟りをうけて病死するという物語（沼津山王社本の『山王霊験絵詞』）によっても知られるごとく、またつづいて長治二年（一一〇五）秋の山王神輿入洛や、天仁元年（一一〇八）には神輿の入洛をはじめて源平二氏を動員して防禦せしめたことが知られるごとく、すでに藤原時代のはじめからその活躍が史上をにぎわせはじめてくる。

平家物語にも「御輿ぶり」の一条があって、安元三年春、神輿を陣頭に立てて入洛した時の道すじを「さがり松、きれ堤、加茂の河原、ただす、梅ただ、柳原、東北院」と示している。これは比叡山から雲母坂を越えて西坂本へ下り、そこから御所のほうへ押してくる道順をならべたものである。

しら大衆、神人《じにん》、宮仕、専当、充ち満ちて、いくらという数を知らず、神輿一条を西へ入らせ給うに、御神宝天に輝いて日月地に落ち給うかと驚かる

とその壮観を描写しているのもその一条である。僧兵たちは強訴が源平二氏らの力によって負かされると、神輿を京中に放置して山に引き上げてしまい、宮廷からは事の可否にかかわらず、また改めて新しい神輿を造進するのがその習わしともなっていた。

だから神輿はその当初からすればたびたびの改造、改装が加えられてきたことと推定されるのである。新しいところでは、元亀兵乱に際し社頭とその什宝一切とともに焼亡してしまったのである。近世の神輿は天正十七年に駿河守直頼が願主となって、まず大宮と宇佐宮の神輿が造立され、樹下宮の神輿は、慶長十六年になって浅井氏の息女から寄進されているが、ほかの四基もほぼこの前後に造進されたものとみてよかろう。現存する七基の神輿は、近世初期のものを母胎として、これに荒祭りで毎年損傷する金物などを補強したもので、華麗な工芸技術の粋をみせている。昭和四十一年の春に七基の神輿はおおくの附属品とともに重要文化財の指定をうけている。

比叡山の年中行事

一　月

一日から六日	修正会	根本中堂
三日	元三会	求法寺・四季講堂
十四日	華芳会	前唐院

二　月

二日	慈眼講	慈眼堂

節　分	節分会	根本中堂
初　午	初午法楽	滋賀院
十五日	涅槃会	滋賀院
三　月		
十四日	華芳会	前唐院
十五日	滋賀院法会	滋賀院
十七日	慈忍講	飯室不動堂
十九日	安然和尚講	大講堂
中日前後	春彼岸会	阿弥陀堂
三十一日	三院講	滋賀院
四　月		
四日から二十一日まで	御衣加持御修法	根本中堂
八日	灌仏会	大講堂
十四日	山王祭奉幣	日吉大社
十八日	元三大師御影供	四季講堂
十九日、二十日	報恩講	滋賀院

二十二日	太子講	椿　堂
五　月		
八日	灌仏会・舎利会	釈迦堂・戒壇院
十七日	天皇講	大講堂
二十六日	御礼拝講法楽	日吉大社
六　月		
三日	宗祖御影供	根本中堂
四日	長講会	浄土院
十日	恵心講	恵心堂
七　月		
十四日	如法経会	横川中堂
八　月		
十六日	盂蘭盆会	阿弥陀堂
十八日	宗祖誕生会	生源寺
二十一から二十五日	戸津説法	東南寺
九　月		

三日 元三大師誕生会 四季講堂
十七日、十八日 報恩講 大乗院、青龍寺
十八日 元三講 本覚院
中日前後 秋彼岸会 阿弥陀堂
中日前後 土砂加持 安楽律院

十 月

八日 夜叉供 根本中堂
二十日、二十一日、二十二日 仏名会 根本中堂
二十三日、二十四日 天台大師報恩会 山王院
三十日 智証大師会 山王院

十二月

二十二日 辰張忌 滋賀院

月並行事・日並行事

毎月四日 伝教講 浄土院
毎月五日 大般若会 根本中堂

毎月五日　五日講　滋賀院
毎月十八日　元三会　本覚院
毎　日　日々不断御修法　根本中堂

2　高野山寺

高野山の位置とその開創

高峰環合の地　さていよいよ高野山を執筆しなければならないので、また『古事類苑』の高野山の部をひらいてみた。

金剛峰寺《こんごうぶじ》ハ紀伊国伊都郡高野山ニ在リ、嵯峨天皇弘仁七年、真言宗の開祖空海、朝廷ニ請ヒテ寺地ヲ賜ハリ、数里ノ間ヲ結界シテ伽藍ヲ建立シ、以テ自己修禅ノ道場ト為シ、遂ニ入定終焉セシ所ニシテ、其廟ヲ奥院ト称シ、霊場ノ名海内ニ高ク、上皇ノ御幸ヲ始メ、執政大臣以下名流ノ参詣スルモノ古来其蹟尠カラズ、又結縁《けちえん》ノ為ニ、貴賤ヲ別タズ、亡者ノ遺骨ヲ此山ニ埋メ、或ハ塔婆ヲ立ツル事ハ、今ニ至リテ絶エズト云フ、山内ノ僧侶ハ、学侶《がくりよ》、行人《ぎようにん》、聖方《ひじりかた》ノ三種アリ、各々階級ヲ立テテ相統治シ、一山ノ寺務ハ東寺長者兼ネテ之ヲ総括シ、仁和寺宮其進止ヲ主《つかさど》ル、

今古義真言宗高野派ノ総本山タリ

とまことに明快にその概略が誌されている。現状とはやや合わない点もあるが、まずは簡明に高野一山をよくあらわし得ているといってよかろう。

高野の開創については、後述するような大師入山の説話にからんだいくつかのお話も面白く説かれているが、ここにはまず『紀伊国続風土記』から山の所在や寺域の大要を述べた箇所を引用してみよ

う。「高野山総論並大名十二所」の項につぎのように誌されている。

当山は伊都郡の東南隅にして、其地紀伊大和疆界相接する処にあり、四面高峰環合して、其中一大曠平の原野なり、高野山の名此より起れり、其域、東は摩尼筒香二荘に接し、西は花坂及湯川荘に連なり、南は花園荘に接し、北は北又三尾川二郷及古佐布細川二荘と界す、其広袤《こうぼう》大抵周回十有余里峰巒相囲《あいめぐ》りて、峰の名許多《あまた》あり、山僧此を内八葉劔崎峰、業峰、遍照丘、虎峰山、王峰、小塔峰、今来峰、神応峰、外八葉姑射山、転軸山、摩尼山、楊柳山、遍照丘、山王峰、小塔峰、今来峰、と称す、其内、平曠の所、大抵周回三里余、（中略）山上、地名十二処に分る、山上西の端を西院谷という、大門茲にあり、大門より東十三町壇上に至る、是を山上の中央とす、壇上より十七町一橋に至る、寺院茲に畢る、一橋より東二十町奥院に至る、一橋を通れば、東西往還の左右、貴賤の石塔累累として稠密なり、大門より一橋まで、東西総て三十町、其間、左右諸谷の名総て十二処、南北広狭一ならず、広きは十余町に至り、狭きも三四町に下らず、諸伽藍並に院は其内に充盈す、（中略）西院谷　山上の西端にあり（中略）壇上　西院谷の東にあり、山上中央の地にして、周廻十七町許、伽藍此地にあり、谷上院谷　壇上の北にあり（中略）南谷　壇上の南にあり（中略）本中院谷　壇上の東北にあり（中略）小田原谷　南谷の東にあり（中略）千手院谷　小田原谷の北にあり（中略）五之室谷　千手院谷の西に続けり（中略）一心院谷　五室谷の北に続きて、六時鐘の辻より、六町許乾の方に当る、（中略）往生院谷　小田原谷の東にあり（中略）蓮華谷　往生院谷の東にあり

（中略）奥院　蓮華谷の東にありて、一山の東極なり、

この記述のごとく、高野山は紀伊国（和歌山県）伊都郡の東南部、大和国（奈良県）に境を接する壮大な山中に位置していることがわかる。四面に一〇〇〇メートルをこえる山々をめぐらし、高野はその字のごとく「たかの」と呼ばれる景観を呈している。その地の四方をとりかこむ古い荘名が上引の紀伊国の風土記に述べられているとおり、その地の広袤は十有余里（但し六町一里とする）、つまり数キロ四方に及んでいることがわかる。「内の八峰」「外の八峰」と呼ばれる峰々が、八葉の蓮花《れんげ》を形どって寺地を定めていると後に説かれるのは、重畳《ちょうじょう》たる山岳の地、高峰環合する中にある自然境を宗教的に象徴化した意に他ならない。大和国と境を接するというが、大和ではずっと南、吉野郡の奥地たる山上ヶ岳のあたりと緯度を同じくし、天《てん》ノ川の弁財天《べざいてん》社あたりと同じ緯度となっている。比叡山を北嶺《ほくれい》と呼ぶのに対して南岳《なんがく》または南山《なんざん》と称せられるゆえんである。後述するように吉野大峰や熊野三山の行者《ぎょうじゃ》が高野入りをする路も通じているのはなるほどとうなずかれ得る。いまは奈良県側をも若干ふくめて「高野龍神国定公園」という壮大な山岳景観の中につつみこまれている。

地理学的にいえば紀伊山脈の一支峰たる長峰山地の東部、陣ヶ峰・楊柳《ようりゅう》山・摩尼山・弁天岳などの一〇〇〇メートルクラスの山々の間に横たわる東西およそ六キロ、南北およそ三キロといった一帯をさすこととなる。陣ヶ峰は大和国との国境にあって一一〇六メートルで一番高く、これらの山々の間にある高野の伽藍地は平均して八〇〇メートル余の標高地点を占めている。

神の山と仏の山　高野山もその埒外ではないと思えるが、古代における山岳信仰の場、つまり原始的な神々のいますところとして山や岩や木や滝や湧泉を祭祀の場としてできた、いわゆる自然神道期以来の神々の山が、そのまま上代から中世にかけて、ほとけの山におきかえられてきた例は多い。

比叡山はすでに述べたごとくいうまでもない。醍醐寺の信仰もやはり上《かみ》の醍醐と呼ばれる山上からはじまっているのだが、ここにも寺の以前には笠取の神を祀る巨岩があって、笠取神の影向石《ようごうせき》とされる磐座《いわくら》、つまり神まつりの場であった。いまも上醍醐の伽藍地の奥にはこの岩神が存在しているが、平素は一応上醍醐の伽藍群の向こうにかくされてしまっている。ここへ大陸から渡来した清瀧《せいりゅう》権現という水を象徴する神が祀られてくる。笠取の神の巨岩はまた清瀧神の影向石としても拝礼されて、ここにまず固有の神たちと外来の神たちとの習合がみられる。地主神《じぬしがみ》と護法神《ごほうしん》との習合である。空海が高雄山寺をひらいたとき、やはり清瀧権現を護法神とし、とくに八幡神を迎えて地主神にあてている。神護寺金堂には八幡曼荼羅を奉掲し、山麓には平岡八幡宮として勧請されていることは今日も変わってはいない。東寺における空海の行動にも稲荷神や八幡三神奉祀の史実が伝えられているとおりである。

後に述べるとおり、唐から帰朝した空海が高野山に伽藍地をひらく時の説話を分析してみると、空海自身にも山岳行者的な体質（一種のシャーマン的な）があったこととともに、当時の大和から紀州にわたる宏大な山々の中には、山を生活の場としていた多くの常民《じょうみん》たちの群落も浮かび上がってくる。

『高野大師行状記』とか『弘法大師伝』などをひもといてみると、空海は大和から次第に南へ山深く伽藍地を求めて入ったというが、まず第一に当時の日本列島の植物生態相というものは、とうてい今日では想像も及ばない原生的なものであったこと、列島は針葉樹と広葉樹の深い原生林相につつまれていたといわれている。これは温帯的なジャングル相とでもいえようか。比叡山などでも今の春日《かすが》原生林や那智原生林のような林相がその大半をおおっていたものと思える。それだけにまた山中・山野に生活をいとなむ山住みの民といったものもはるかに多かったにちがいないと思える。古代を考える時には、まずそういう見方で日本の風土とそこに育った文化のルーツを虚心に眺めてみる心が必要なのではないだろうか。

高野・丹生の両所明神

高野開創の神々　僧空海の行動には数多くの神祇信仰に関する事蹟がある。彼は真言修験者としての性格をも兼ね有していたようで、神泉苑における祈雨の修法の際などにも、その行動には多分に神秘的な行跡が語り伝えられている。また高雄山をひらいて神護国祚《こくそ》寺を建てた頃、金堂の正面に僧形八幡画像を奉祀したことなどは、すでに史実として『神護寺略記』には詳しく見えている。これは神護寺の前身たる神願寺が弓削道鏡の事件に関連する和気清麻呂の宇佐八幡宮参籠や、その託宣といった伝説的な出来事にもとづいて創立されたということに縁由をつなぐもので、やがてこれが因縁となり、のちこの寺の真言宗としての開基となった空海との間に、八幡神との深い関係が持たれることとなる。神護寺鎮守平岡八幡宮の創立や、教王護国寺鎮守東寺八幡宮の創立などもみな一連の思想にもとづくものと考えたい。神護寺に関する一番古い記録は『承平実録帳』だが、「神護寺規模殊勝条々」にはこの記録を引用して、

八幡大菩薩像　一鋪奉安置金堂艮角帳

承平実録帳云　八幡大菩薩一鋪大師御筆　大師渡唐之時船中有影向、影像奉写之給、号奉為御影是也

と書いており、神護寺金堂に安置する僧形八幡神画像は空海が渡唐のみぎり、船中で護法のために顕現した神の形姿を描いた感見像にもとづくものだという。いまも神護寺には僧形八幡神画像があり、別に弘法大師画像と対幅をなして「互の御影」と称し、大神と大師が互に形姿を描き合ったものだという伝説をもっている。現存するのは鎌倉時代の作品だが、神護寺における伝統的な八幡神信仰とその画像の形姿を伝えるものと考えてよかろう。

東寺八幡宮はこうした空海の信仰にもとづいて境内鎮守社として祀られたもので、その社殿は南門を入った西側にあったが、明治元年に社殿が焼亡してからは再建されず、神体は西院御影堂の一廓に移し、秘仏として深い信仰の中に守りつづけられてきた（平成四年に旧地に再建）。僧形八幡神一体と女神像二体で、平安時代初期のすぐれた神像である。『東宝記』には空海在世当時の感見像だと伝え

ているが、さすがに当時天下に錚々たる官寺に、真言の秘奥を極めた宗教家の指導によって成ったことを思わせる影像で、平安初期における神仏混淆文化の湧き上がった時代の威勢というものを感じさせる。

こうしたことが縁故となって、のちの高野山にも八幡信仰の名残りをみるが、その一つは、「巡寺《じゅんじ》八幡講」と呼ばれる山内の信仰である。これは毎年二月七日と七月二十日に、八幡神が定まった順番によって山内諸院に巡って来るという信仰である。その実際の形としては八幡神画像や神宝を関係の院坊が交替で奉拝護持する、いわゆる「めぐり信仰」の形態をとっており、これに関係する院坊を「巡寺八幡講」と称している。現在もこの信仰形態は維持されているが、すでに八幡神の画像はなく、古い御神宝や古記録を廻しているそうである。また『高野春秋』によると、蓮花谷の随心院にも八幡宮が祀られており、これは文治五年三月に石清水八幡宮の田中成清宮司が参詣のみぎりに勧請したものだと伝えている。

また『弘法大師伝』によると、入唐求法の際に渡海の船中へ、稲荷明神が影向してこれを守護したと伝えており、その折の神影は稲束をかつぐ老翁の姿であったと伝承されている。大師はこの恩義に報いるため、東寺に真言道場設立の後、いまに至るまで毎年の稲荷社祭礼の折には、東寺の境内へその神輿を迎えて神饌を供しており、八幡宮信仰と相並んで大師に発する稲荷信仰は、いわば東寺の鎮守に準ずる形で永い信仰の歴史を経過してきたのである。東寺における稲荷祭祀の状況は近世の文献だが『諸国図会年中行事大成』に詳しくみえている。とにかくこうした大師と東寺と稲荷社との縁故にちなんで、高野山においてはいまも「巡寺八幡講」に準じた「巡寺稲荷講」が山上一部の院坊を中心に伝承されつづけており、やはり稲束をかつぐ老翁の神影画像が「めぐり本尊」として保存され、これを礼拝しつづけている。

開創の縁起と神々　『弘法大師伝』によると、在唐の空海は彼地より日本に向かって一本の三鈷杵《さんこしよ》を投じ、その行方こそやがては伽藍を建立すべき霊応の土地なることを思い定めていたという。寺地を求めて諸国をめぐる間、弘仁七年に大和国宇智郡の山中で一人の狩猟者に会うが、その体は八尺に近く深い赤色の身体であった。黒白二頭の犬をつれ「南山之犬飼」と称し、この大和より南方の山中に自分は数万町歩の土地をもっているが、そこは極めて幽邃の高原であり、つねに霊験瑞異の相も多い。和尚にもし来住の希望があれば、その土地を提供し、伽藍の建立にも助力することを約したという。この狩人がのちに地主神となる高野明神の化身であって、霊地高野《たかの》はまずこうした神意にもとづいて探し求められたのだというのである。このように山岳伽藍地の草創に際して、その地に上古以来の信仰をもって蟠居していた土着の神祇から、いわばその神地の一部を分かち与えられるという形で寺地が形成せられている例は、いわば上代における宗教伝説の一つのカテゴリーだともいえよう。高野の聖地とこうした神々との関係、そこにはまた上代における山住みの生活を営む氏族たちの本拠が、こうした深い山々にはあったことを示すものにほかならないのである。この説話は『今昔物語』『元亨釈書』『弘法大師伝』『金剛峰寺建立修行縁起』など、高野の発祥に関する多くの書物にはみな引用されている。空海はこの狩人の導きによって高野の地を踏んだのだが、果して一株の松樹にはさきに長安から投じた三鈷杵が輝いているのを見いだし、いよいよ奇瑞の思いを深めて伽藍建立のことを決定したのだと説いている。寺院建立の際にこうした地主明神の奇瑞にもとづいて聖地を得、ここに堂塔を建立し、地主神をもって護法神とするといった説話形態は、各地の縁起伝説によくみかけるタイプであり、高野山開創説話もそうした伝承のカテゴリーに合致する一つに他ならない。

大和から紀州へかけての山また山の深い谷間には、恐らく太古から住みついて、狩猟や木工業や原始的な鉱業などに従事する人々がいたのであろう。その行動半径は想像以上に大きく、足にまかせて山々を歩き、渓をわたって遠くまで移動する、いわば「山住みの民」とでもいう人々の存在を考えてみなければならない。怪異なほどに大きく、日に焼けて赤茶けた件の山男、本能的に山々を跋渉して、いつかまた家族たちのまつ本拠に帰って来る山男、民俗学のほうでやかましくいっている「木地師」のごとき職業的な氏族集団などもこれと同じものであろうが、高野の開創記に出て来る「南山之犬飼」または「犬山師宮内太郎家信」などと名乗る男は、やはりそうした古代の狩猟氏族の系統をひく一人であったと考えるべきであろう。現実的な歴史の世界では明神の化身が山男であったのではなくて、山男らの祀る土俗神が伽藍神になったと考えるべきなのである。いわゆる「狩場明神像」はそうした歴史的背景において眺める時、かえって生々しい現実感と神秘感をもって迫るのである。

空海の上表に対して弘仁七年嵯峨天皇は官符を下し、高野の地を下賜されることとなるが、官符には、

空地一処在伊都郡以南深山中、日高野、四至四方高山東限丹生川上峰、南限当川南長峰、西限応神山、北限紀伊川南峰

とその四至《しいじ》を指示しているが、文献によっては「神賜之四至」「神給之四至」「神献之山地」などの語を用いており、四至を示す地名にも若干の差異がある。その全域については、承和元年九月の太政官符に地形図を載せており、高野山の全域（四至）というものを充分知ることができる。旧里程でその広袤を示せば六七万五〇〇〇坪（二・二一七五平方キロ）、周辺は十数里に及び、地主神を祀る天野や高野の政所と称せられる九度山の慈尊院など、みなその西北麓にふくまれる。宗教的伝承はこの弘仁七年七月の官符によって歴史事実として把握されるわけだが、この四至内の地を実際に獲得した空海は、紀伊国司に対して文書を出し、やがてここをひらいて寺刹を建てるために、まず弟子の泰範と実恵を山に送ることを申し入れている。

弘仁八年に空海は山に登り、四至内に地鎮の法を修し、伽藍建立の準備にとりかかるが、その入山の道すじがのちの大門口である。九度山から登る途中で天野に下り、まず地主明神に詣でて神宮寺を建て将来の護法のことを祈念している。歴史事実としては空海と天野社との関係は、むしろこの時からはじまったものと見るべきであろう。そして弘仁十年五月には天野の地主明神を山上にも勧請して、

ここに本格的な護伽藍神が発祥する。

高野明神と丹生明神　天野は高野山の西北麓、伊都郡かつらぎ町にあり、野上川の水源地帯で、四方に山をめぐらせた翠巒環合の盆地である。『紀伊国名所図会《ずえ》』には天野社について、

天野神社 丹生四所明神と称す、高野一山の鎮守なり、当社毎年五十余度の神事あり、其式繁多なれば今略す、祀る神四座

一宮　正一位勲八等丹生津比売大神 一祝惣神主丹生一麿当社の神事を司る

延喜式云

丹生津比売神社 名神大社月次新嘗相嘗　（中略）

二宮　正一位丹生高野御子大神 二祝子丹生相見某当社の神事を勤む

三宮　気比大神 三祝子丹羽某当社の神事を勤む

四宮　厳島大神 四祝子松島某当社の神事を勤む

末社　左右十二王子社 瑞籬の内左右にあり、左は五神合殿、右は六神合殿、別に衣比須社と合せて、左右十二王子の社という

百二十番(伴)神社 同右にあり　若宮　（下略）

とみえる。平安時代のはじめに一宮の丹生津比咩《にうづひめ》神一座のみは、延喜式内の名神大社に列する発達をみせ、二宮は天野本来の地主神であるが、丹生津姫の御子神とされ、後に勧請される気比大神（三宮）と厳島大神（四宮）とを加えて、高野四所明神が成立する。祠官家も中世以降は一宮から四宮まで、宮司家もそれぞれにわかれて神事を取り扱っていたことがわかる。一宮は「一祝《いちのはふり》惣神主丹生《たんじょう》一麿」、二宮は「二祝子丹生相見某」、三宮「三祝子丹羽某」、四宮は「四祝子松島某」といった四家が成立し

ていたが、なかでも一祝家は最も格式が高く、『日本書紀』の神功皇后紀にもすでに「天野祝《あまののはふり》」の名で知られており、その家は代々社地の西南にあった。「大別器」と称して宮司は常に自器以外の食器では絶対に飲食をしないという固い戒律があり、旅をする際にも家僕は食器を負うて伴をするのがしきたりであったと伝えられている。

上述した二祝・三祝・四祝のほかにも、供僧が六人、社家《しゃけ》が一五家、宮仕《みやじ》と称する駈仕役《くしゃく》と拝殿預が六人、これに神楽男五人と巫女《みこ》八人というのが、大体中世以降この社の職員構成であった。『紀伊国名所図会』には社頭図を載せているが、一段と高い土壇上には向かって右から十二王子社（六座）、丹生明神・高野明神・気比明神・厳島明神・十二王子社（六座）・若宮など八棟の社殿が並び、これに玉垣をめぐらせて鳥居を建てている。その前方に楼門、右に透廊《すきろう》、左に拝殿となっている。社頭の鏡池には反橋を架し、池中の小島には経蔵と宝蔵とがみえる。能舞台・神楽釜・鐘楼などが点在し、向かって左方には、御影堂・護摩所・多宝塔・不動堂・長床・行者堂・梵字石などの神宮寺施設、大庵室という僧侶の参籠所などがみえる。珍しい施設は行者堂と長床をあわせた大きな建物で、高野山文書の中には「天野社長床衆言上書」なる文書があり、また「長床之山臥」などといった詞もあって、長床衆と呼ばれる大峰行者らの参籠にあてられたものであろう。「透廊」は法儀の際に一山の大衆学侶らの連なる席となったところで、『高野春秋』の中には「天野社学侶退散、行人方透廊跋扈」といった詞がみえており、昔は身分や職分によって占めるべき格式もおのずから異なっていたことがわかる。現在の社殿施設はおおよそこれと変わっていないが、神宮寺関係の立派な施設は、梵字石と二、三の石造塔婆をのこすほか、すべて神仏分離の際に焼却しつくされて一屋ものこってはいない。宮司屋敷も一宮丹生家は上述したとおり、神社の西北隅にいまは竹藪となっており、四宮の宮司家松島の屋敷址というのは、現神社の前方に一叢の老木が茂る小高い場所がそれだと指顧し得るに過ぎない。

松田寿男博士は近年、日本国中の「丹生」と称する地名や神社を広く調査して、これがその土地の古代における水銀鉱脈の発掘や、その生産にたずさわった氏族と深い関係にあることを次第に明らかにされつつある。大和から紀伊にかけての山奥一帯は、林産のほか古代における水銀鉱脈としても有名な生産地域であるから、この地方の丹生の神々は、もともとそうした土地の守護神として祀られてきた土俗神であったという。『播磨国風土記』をみると、丹生の神は三韓征伐の際に鉾や鎧に塗って、戦勝のマジカルな力を与えるという丹朱を神功皇后に献じた功によって、丹生川の上流、管川《つつか》（筒香）の藤代峰に鎮座したことにはじまるというが、いまも実際に大和の奥から紀伊にかけては、丹生と称する土地は多く、またこの女神を祀る神社やその遍歴を伝える説話が散らばっている。天野の地方も水銀鉱脈と関係を有する土地柄であるから、狩猟を本来生業とした天野氏族の手によって、のちにこの職業神が勧請されて両所明神の形をととのえることとなったのであろう。松田博士の説によると、『古事記』に出て来る「井氷鹿《いびか》（井光）」は、「光ある井」という意味、つまり水銀鉱を採掘するための竪坑《たてあな》であると説かれ、「石押分《いわおしわく》」の名は、岩山に穿《うが》たれた横穴式の採掘坑をさすもので、ともに原始的な鉱山業に従った古代の職業集団を示すものであろうとされ、『日本書紀』にみえる神武天皇伝説に、天皇が紀州から大和へ入る時、埴土《はにつち》を採り、これで「八十平瓮《やそのひらかべ》」を作らせ、これを使って川に沈めたところ、魚はみな酔って浮き上がったという話なども、朱砂脈の埴土を用いて水銀の毒性を利用した科学だと説かれる。いずれもがこの地方における古代生産の実態、またその氏族たちの動向を語る歴史的説話だとみれば、高野山をめぐる高野・丹生両神鎮座の歴史もまた極めて実証的であり、またそのよってきたるところは極めて悠遠だといわなければならない。

金峰山を中心とする天台系修験道発達の背景には、その山における古代銅鉱脈のもつ経済的意義が大きく、高野山における真言系教団発展の陰にも、この地方を中心とする水銀鉱脈の経済力と森林や狩猟関係者の力が作用しており、高野・丹生の神々はこうした古代社会をその母胎として生きつづけてきたものだといってよかろう。

天野社と高野山　『高野問答講本尊図』の下端には、天野社の社頭風景が描かれている。これは鎌倉時代の社頭景観図であるが、表口から高野に詣でる人たちはみな一度はここに詣で、また篤信の人は熊野詣でや大峰詣での往還にも高野を経て立ち寄る人も多く、山の信仰の拡大、教団の充実に呼応して天野の社頭は盛況を呈しつづけてきたのである。当時奉納の神宝も多く神階昇叙の事実もまた、この神社の威勢を物語るにほかならぬ。たとえば承元二年（一二〇八）十月に北条政子は熊野詣での路次に参籠し、行勝・貞暁両上人の勧化《かんげ》に応じて、このとき新たに第三殿として気比を、第四殿として厳島を勧請し、また御影堂の造営にも尽力している。前に述べた天野二所明神が四座に増したのは、この両上人の勧化とこれに応じた政子の深い信仰にもとづくものである。政子はこの後も建保六年春二月に、ふたたび熊野詣での帰路をここに廻り、天野四所明神に奉幣している。

南北朝の争乱裡には、後醍醐天皇が吉野の行宮《あんぐう》から立願文を送り、高野山の密教興隆と天野社の神々とその本地に甚深の法楽を奉る由の祈請《きせい》を捧げたのは有名な史実である。この立願文は行宮にあって諸事不足の折柄か極めて小型の料紙を用い、「延元元年十二月廿九日天子尊治」の署名がある自筆願文である。

この前後にはひきつづいて南朝から綸旨《りんじ》や願文が奉ぜられるが、元弘元年八月二十九日附の左中将某の綸旨には、

於丹生高野両社、別可致御祈禱之精誠、依有殊御願、所被仰遣也者、天気如此

とあり、元弘二年十二月二十五日附の護良親王の願文には、

今度所願令成就者、於丹生明神之宝前、以十二禅侶、可始長日不断之護摩、且如旧可専人法仏法之紹隆

と述べており、吉野の山中にあった南朝の一族は、深く天野社の神験に頼むところがあったわけだが、恐らくこれは吉野において南朝の天子を守護していた大峰行者らの教示にもとづいてなされたものと考えられる。弘安四年の元寇の役には、天野社に奇瑞があり、神鈴が鳴り、明神はこの時に国難救助

のためにに九州へ出陣されたのだといった説話は、高野山文書の中にも二、三の記録がのこっているし、当時は石清水《いわしみず》八幡宮などでも同様な奇瑞があったことを伝えている。天野社の神威が中世にはかくのごとく天下に知られ、深い崇敬を集めていたことを察するに足る。

山上の伽藍が整備し教団が発展するにつれて、天野社は一山の地主神として、また一宗の護法神として、教学と教団の中へ次第に深く入り込んでくることとなり、やがて一山施設として宗教的にも、経済的にも一環した運営がなされることとなる。その姿は高野山史を語る多くの史料に出てくるが、そうしたことの一端を述べれば、法儀的な面では長徳元年正月朔日に高野山検校《けんぎょう》雅真が「天野宮拝堂《あまののみやはいどう》」のことを行なって以来、これが正月恒例の行事となって以後は永くつづけられているし、中世には「天野宮八講理趣三昧」が年中行事となり、これに対する三昧料や神事料米などを寄進する史料は高野山文書中に数多く散見する。

嘉元元年冬十月には天野社山王院で「庭儀灌頂」を一山僧侶が行なったこと、延慶三年秋には一山の学侶七十二口を天野社に集めて天下泰平・五穀豊穣を祈念したこと、心王院快尊と仁和寺宮とが肝入《きもい》りして行なった「天野宮垂髪児《すいはつのちご》問答講」と称する稚児論議が天野社の恒例行事となったこと、こうした神仏習合の法儀はなお数多くみることができるが、『紀伊国名所図会』にも、「毎年社頭の行儀は五十余度に及ぶ」と書いている。

いまも毎年秋、金剛峰寺において行なわれる勧学会が終ると、受講の一山学徒らは天野社に参籠し、社頭で法楽を行ない、曼荼羅石（梵字石）の前で護摩を焚いて帰山するのが重要なしきたりとしてのこっている。また大峰行者が大和口から高野に詣で、大門口から卒塔婆路を下って天野社に詣でるしきたりはいまも行なわれつづけているが、行者は峠に参着すると貝を吹いて着到を天野社に報じ、社頭では柴燈護摩を焚くことになっているという。『名所図会』社頭図をみると、吉野や熊野三山などにあるのと同じ三脚の湯立神楽釜がおかれている。恐らく昔は熊野行者らも熊野口から高野に登り、やはりこの天野に下って参籠や法楽を行なったものと考えられる。社頭図に「行者堂」とか「長床」とかいった大きな建物がみえるのは、そうした行者参籠の庵室に用いられたものである。

高野山寺の大きさ

内の八峰・外の八峰　高野の地が地理学的にいえば、楊柳・弁天・摩尼《まに》・転軸《てんじく》といった高峰にとりかこまれた高野（たかの）であることは前節でも述べたところであるが、高野山の構成にも必然的にこれらの山々の名があらわれてくる。『古記』によると空海がはじめて山上で結界の修法を行なった時、南方の峰を宝珠の峰、北方を覆鉢《ふくばつ》の峰、東方を摩尼の峰、西方を阿弥陀ヶ峰と定め、峰の頂上には障除《しょうじょ》を祈念して三鈷杵が埋められているという。そののちこの境界にもとづいて高野をとりまく山々を蓮花の形になぞらえ、外の八峰・内の八峰の名が形成されることになる。姑射《こや》山・転軸山・摩尼山・楊柳山・遍照峰・山王峰・小塔峰の小峰が「外の八峰」（一説には今来峰・宝珠峰・鉢伏山・弁天山・姑射山・転軸山・楊柳山・摩尼山の八峰ともされる）である。このうち摩尼・楊柳・転軸の三山は「高野の三山」ともいって、大師入定の奥院をいだくような形で三方にそびえ、頂上には如意論・楊柳・弥勒の三尊が配祀されている。

劔崎峰・業峰・遍照丘・虎峰山・王峰・小塔峰・今来峰・神応峰、この八つを「内の八峰」とし、いずれも八葉の開敷蓮《かいしきれん》、つまりは金剛界曼荼羅の中台八葉院にかたどる寺地構成（高野まんだら）を考えているわけである（一説には内の八峰を伝法院山・持明院山・中門前山・薬師院山・御社山・神応岳・獅子岳・勝蓮花院山といった名称で呼んでいる場合もある）。いずれにしても内の八峰は伽藍地に近い小峰群を、外の八峰は壮大な山岳群をさすのであって、内外一六をもってかたどる複弁蓮花の開敷蓮がすなわち高野の伽藍地であるという、宗教的な宇宙観・世界観にもとづいている。その中央にそびえるのが大日如来を示す高野の大塔であるとするところに「高野山曼荼羅」のすべては成り立っている。

『紀伊国名所図会』は巻四から巻六までを高野山の記述にあてて、図解とともに詳しい記事は掌をさすがごとくである。記述の文も名文で美しく、またわかりやすいので随所に引用して私の記述を補っていくことにしたいが、まず巻頭第一の記述をここにかかげてみることにしよう。

高野山金剛峰寺　又南山という。真言宗古義本山。

当山は本国伊都郡の東南に峙《そばだ》ち、茀鬱《ふつうつ》として、杉槙《さんしん》八面を囲み、半天別に一界をなし、天下無双の名区にして、往昔開祖大師霊境を覓《もと》めて、周《あまね》く天下《てんが》を廻り給ひ、この地にしく所なしとて、入唐帰朝の後御年四十三歳。帝許を蒙り、修禅入定の地となし給へる霊場なり。其高野山《たかのやま》といふは、高山の頂上に平原曠野あるを以てなるべし。創開の時に当りて二神の出現し、双犬《そうけん》の前導し、飛鈷《ひこ》の松梢《しょうしょう》に掛り、宝剣の地上に跿《おど》れる抔《など》、皆大師行徳の至る処、凡俗の得て思議すべきにあらず。其後世々の聖帝、摂籙運歩の労を厭ひ給はず、登嶺在《まし》しゝ事、載せて記籍に顕然たり。今山上に在る処の坊舎、総じて一千計《ばかり》にして、結構奇麗、言語《げんぎょ》の及ぶ所にあらず。坊舎屋上、悉檜皮《ひわだ》をもて葺けり。古は瓦にても葺きしにや、頓阿法師登山のときの歌に、『瓦には松さへおいて古寺の苔の筵《むしろ》も法《のり》ぞしくらむ』とあり。真雅僧正当山図記に、『径途廻々として蹐《のぼ》る事三十里、山岳畳々として屏する事千万郷、周匝《しゅうそう》せる連峰は、法身《ほっしん》の花台《けだい》を表じ、正平《しょうへい》なる幽原は、化仏《けぶつ》の浄土に類す。悪獣毒虫も斯《ここ》に趣《おもむ》けば曾て害心なし、煩悩即菩提の理《ことわり》観《み》つべし。深谷高峰も径を経れば亦嶮難なし、生死即寂静の道察すべし。纔《わずか》に影を指者《ゆびさすもの》は往因を悦ぶべし。黙《もだ》して止《やむ》る者は前業を恨むべし云々』。又東山信禅師の曰く、『日域の仏土は定て是、南山なり。近くは大師の入定、遠くは則古仏の霊跡、我彼峰《かのみね》に登りて、夢に十方の仏菩薩集会《しゅうえ》し、或は無相の理を説き、或は法仏の法を説給ふを見る云々』。是等の文を見て、当山の霊場比類なき事を知るべし。

三鈷の松　高野開創の説話中、二神出現と双犬前導のことは前にも述べたが、ここにはもう一つの神秘な出来事が誌されている。「飛鈷の松梢に掛り」ということ、大師伝によれば空海在唐の折に彼地より一個の三鈷杵を天空高くほうり投げたところ、三鈷は高く遠く白雲にまぎれて飛び去ったという。空海はおそらく彼の三鈷は日本へとどいている、わたしが帰国して伽藍を草創する折に三鈷杵は必ず仏法昌隆の適地に留まっているはずであると述べたという。のち高野山を得て、彼が親しく現地に立ち至ったところ、予言のごとくこの三鈷杵は松の枝に掛って輝いていたという。これをもって聖地霊地であることは証せられたわけで、有名な「飛行の三鈷」の説話であり、松はいまも幾代目かのものが壇場（壇上とも書く）の伽藍地に「三鈷の松」として大切に保存されている。「大師行徳の至るところで凡俗の得て思議すべきにあらず」といわれてはもう一言もない。こうした不可思議をともないつつ高野伽藍地は開創せられることとなったのである。

この高野の聖地については弘仁七年（八一六）に空海が上表《じょうひょう》してこの地を得んことを官に請うた上表文は

弘仁七年上表　今准《ズルニ》二禅経説《ニ》一。深山《ノ》平地尤宜《モシ》二修禅《ニ》一。空海少年日《ノ》。好《ンデ》渉二覧《スルニ》山水《ヲ》一。従二吉野一南《ニ》行《ク》一日。更《ニ》向《テ》レ西《ニ》去《ル》両日程《ニシテ》。有《リ》二平原幽地《ノ》一。名《テフ》曰二高野《ト》一。計《ルニ》当《レリ》二紀伊国《ノ》伊都郡《ノ》南《ニ》一。四面高嶺《ニシテ》。人蹤絶《ツ》レ蹊《ヲ》。今思《ハクハ》上奉《オンタメ》二為国家《ノ》一。下為《ハメ》二諸修行者《ノ》一。芟《カリタヒラゲ》二夷荒藪《ヲ》一。聊《カ》建二立《セント》修禅一院《ヲ》一。経中《ノ》有《リ》レ誡《ニ》。山河地水《ハ》悉是《レ》国主之《ノ》有也《ナリ》。若《シ》比丘受二用《スレバ》他《ノ》不《ル》レ許《サ》物《ヲ》一。即《チ》犯《ス》二盗罪《ヲ》一者《ナリ》。加以《シカノミナラズ》法之興廃《ハ》。悉《ク》繫《レリ》二天心《ニ》一。若大《クハ》若小《クハ》。不二敢自由《ナラ》一。望請《ミフラクハ》蒙《テ》レ賜《ハルヲ》二彼《ノ》空地《ヲ》一。早《ク》遂《ゲン》二小願《ヲ》一。然《ラバ》則四時《ニ》勤念《シテ》。以《テ》答《ヘン》二雨露之施《ニ》一。若《シ》天恩允許《セバ》。請《フ》宣二付《シ給へ》所司《ニ》一。軽《シク》二塵《シテ》宸襟《ヲ》一。伏《テ》深《ク》悚越《ス》。沙門空海誠惶誠恐謹言

といった名文をもって誌され、この地はすでに空海が少年の日から跋渉したことがあったように誌しているのは修辞上の問題だと思うが、ここに吉野から南へ一日行程。そこからまた西へ二日行程で達し得るとあるのはほぼ実距離である。平地なれば一日の徒歩行程はおよそ三〇キロとされているが、山岳重畳のこの地ではその半ばも歩きされるものではなかろう。吉野から南行一日一六キロで天ノ川に達し、ここから西行およそ高野までは三〇キロ、平地の倍かかるとみてこの記述は当時の実際をよく示すものであると思う。

入定の聖地　空海が高野山を開創するのは後述のごとく入唐求法から帰っておよそ一〇年ののちであるが、その間に彼は東大寺別当や乙訓《おとくに》寺別当の官職にもついているが、在唐中に修得した密教の修法とその伝法の場を求めていたことは、弘仁七年（八一六）の六月十九日付で「紀伊国伊都郡高野の峰にして入定の処を請け乞《う》はせらるるの表」（『性霊集』）にもあらわれているごとく、何よりも入定（禅定《ぜんじょう》の宗教生活）に入り、山林をもって修行に適するとしてここに密教的な理想境を実現し、永遠の密教具通の中心地を確立したいとすることにあった。そして中国以来修行の場は山林をもって最上とするという思想に学び、上述した上奏文中にも「山高きときは則ち雲物を潤し、水積るときは則ち魚龍産化す」の名言をもって山林を讃え、釈尊における霊鷲山《りょうじゅせん》、観世音菩薩における補陀洛山《ふだらく》をあげ、また中国の五岳（五台山の聖地）にも言及して、わが高野山をもってこれらになぞらえんことを縷述《るじゅつ》しているが、この上奏文は二〇日ほどを経て七月八日に裁下され、ここに正式に高野の地を賜わることになるのである。空海ははじめまず弟子の泰範《たいはん》・実慧《じつえ》らを高野山につかわして一両の草庵を結ばしめ、自分は翌年必ず高野の地に入ることを約している。そして『高野雑筆集』に収まる同じ年の手紙には「伏して乞ふ、仏法を護持せんが為に方円（道俗）相済はば幸甚、幸甚、貧道、来年秋月必ず参ぜん」と誌し、高野山の経営のために道俗各位の協力方を要請しているようである。事実彼が翌年十一月には在山したことは、弘仁九年十二月の手紙（『高野雑筆集』に所収）に「黙念せんが為に十二月十六日、此の峰に位す」と誌しているのである。高野山下賜を願い出てからすでに二年二か月ほどが経っていることとなる。泰範や実慧らとともにまず二一間僧坊（いまの御影堂はその後身）を構え、壇場伽藍の造営に着手することとなるのである。これらの手紙によって高野は空海にとっては密教学と密教法儀のいわば仕上げをする禅定の場としてひらかれたことが知られるわけで、いまの廟所も入定の姿として解されなければならないゆえんである。

高野の四季　比叡山に較べると地ははるかに南方であるが山の深さにおいては数等、深い山々を越えたうちにある。比叡山も特別に寒い山であるが高野の冬はまたきわめてきびしいものがある。昔は土室《つちむろ》と称して塗りごめた庵室に大きな爐《ろ》をきって、ここに高野独特の火袋を作り、榾《ほだ》を焚いて暖をとり、きびしい冬をしのいだものだという。この寒気を利用して氷豆腐を作り、山坊における保存の食に当てたのが今日の高野豆腐のはじまりともいわれている。『紀伊国名所図会』には土室に鍋をかけ、暖かそうな榾を焚いてそのまわりで冬の夜のまどいを楽しんでいる図が描かれている。

土　室

名所図会には山上四季のうつりかわりをつぎのように述べている。

時 候　山上稍凹《ややくぼか》にして、かの八葉の峰四方《よも》に周り、木立いと暗く生いしげり、うき霧濛朧《おぼぼ》しく満ち渡りて、晴れみ曇りみ、四《よつ》のとき定まれる事なし。されば正月《むつき》・二月《きさらぎ》も、冬にかはらず冴えわたり、やうやう三月《やよい》の末四月《うづき》のはじめにいたりて、梅桜の類一時に笑みて、とりぐ〜興深きが中に、桜は土地に応ずるけにや、吉野・初瀬の色におくれず、極楽浄土の七重の宝樹眼《ま》のあたりなり。（中略）郭公《ほととぎす》はおのが五月《さつき》の時を違《たが》へず、しばく〜声ふり出で、、五月雨《さみだれ》暗き槙《まき》の雫にきほいひ、、黄泉路《よみじ》よりの言伝《ことづて》を談らふに似たり。さればにや、其鳥の落文といふもの多し。（中略）土さくる六月《みなづき》・七月《ふんづき》も、暑さいと薄く、麻衣《かたびら》を着る事なく、老僧などは綿入の衣《きぬ》を重ねて着るもあり。夕づけても、蚊の名のり絶えて聞えず。宵ながら明け行く月影も、そゞろに身にしむ心地して、起ふし甚安ければ、暑を避くる為に来り遊ぶ風流男《みやびお》も多かり。八月《はづき》ばかりよりは、霜うちさやぎて、谷々の鹿の声いと悲しく、一夜宿かる旅人も、浮世の夢を覚して、暁の袖を絞るめり。紅葉はいととく染めわたして、墨染の袖に乱れ、雪は秋の末より降りそめて、十月《かんなづき》の頃にも、動《やや》もすれば道を埋み、十一月《しもつき》より後は、常に三尺許《みさかばかり》の深さにて、越《こし》の山々おもひやらる。こゝはそり・かンじきやうのものはなく、高き屐子《けいし》を著《は》き、雪浴衣《ゆきゆかた》といふものをうち着て、法師たちの行きかふさま、かづき着たる処女《おとめ》にやと、田舎人はあやしむべし。（中略）かゝる大雪なれば、厚き瓦にても、破《や》れて用を為さゞるが故に、大伽藍は銅瓦、寺々は檜皮をもて葺きたり。筧《かけい》は日々に熱湯を盛りて氷を砕き、燈盞《とうそう》は夜々榧《かや》油をさして、院内を照す。陽気を迎うるほどは、大塔層楼より積雪の頽《くず》るゝ響、恰磐石《あたかもはんじやく》の隕《お》つるが如し。

この文章、山上四季のうつりかわりを写し得てすこぶる美しい文体である。

高野山寺の規模と構成

初期の造営　大同元年（八〇六）に帰朝した空海は、将来録等を上表し、数年のちにはじめて高雄山寺（神護寺）において、胎金両界灌頂の法壇をひらくが、この時には最澄もみずからこの灌頂をさずけられている。いまも神護寺に伝わる両部灌頂暦名（国宝）は空海の自筆にかかりここには、最澄の名も連なっている。

空海が高野の地を賜わるのはその後で、弘仁七年にこの地にはまず弟子の実慧と泰範（もとは最澄の弟子であった）を遣わして伽藍経営の準備にとりかからしめるというのが史実である。両名は高野の地に一両の草庵を結び準備に着手するのだが、はじめに述べた丹生族の加勢といったことが、このあたりで史実として行なわれるのではないだろうか。空海は少しおくれて弘仁九年（八一八）（一説に弘仁八年）に高野に登り弟子たちと禅院（寺院）の建立にとりかかることになる。『高野春秋』には弘仁十年の六月に虎峰で良材を得、伽藍計画の一番中心となる大塔のための心柱《しんばしら》と定めたことがみえている。

『性霊集』にみえる「高野山建立の初の結界の時の啓白文」によると「所有東西南北、四維上下七里」とあり、前述のごとくこの七里四方の地が下賜された伽藍地なのである。一里は中国風でこれは日本の六町に当る。七里の地は四二町四方（およそ五キロ四方）くらいの土地に相当するのである。この広袤は「外の八葉」でとりかこまれた現在の寺地にほぼ該当している。

壇場の伽藍　高野山伽藍の中心部はいま壇場（壇上とも書く）と呼ばれるところで、ここには中門（いまは礎石しかのこっていない）からの中心線上に金堂（もと講堂）と僧坊（いまその一部に大師堂がのこる）、その左右に胎金をかたどる根本大塔の西塔（いずれも宝塔型式、『古記』に毘盧遮那《びるしゃな》法界体性塔《ほっかいたいしょうとう》二基）をおき向かって左方の一隅に両所明神（山王院）を配して出来上がっている。この基本的な構造は当初の伽藍組織として出発しておりいまも変わってはいない。空海らがひらいた頃の高野山は比叡山と同様にやはり早くから山林に抖擻するある種の修験者《しゅげんしゃ》や優婆塞《うばそく》（出家しないで仏道修業をする男子）たちの登攀コースに組みこまれておったので、山岳修験の場として、ある程度の開削はすすんでいた場所もあったようである。

今日、高野山の伽藍のいちばん中心は大塔とされているが、実際の位置からすると大塔は壇場の東北隅に片よっており不自然さを感じさせる。中門跡から入ると正面は七間七面の金堂となり、この二つがやはり中心という感じをいだかしめるが、金堂ははじめは講堂として建立されたものであり、これを主堂とみることには抵抗を感じさせる。『性霊集』巻八に収まる承和元年八月二十二日の「勧進奉造仏塔曼荼羅等書」をみると「大師は金剛峰寺において毘

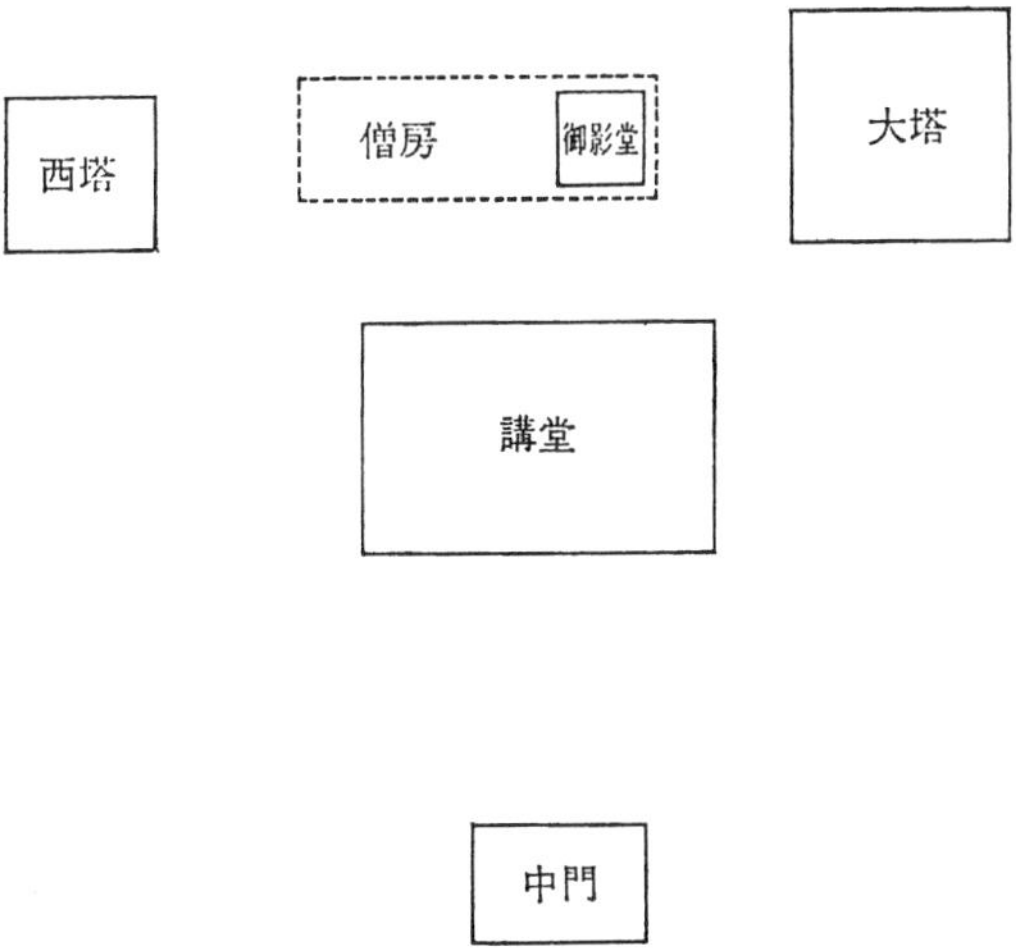

金剛峰寺伽藍配置図（『秘宝高野山』による）

盧遮那法界体性塔二基と両部曼荼羅を造りつつあるが、工夫等多数にして糧食を給し難し」とあり、諸方に喜捨を求めつつ胎金両界をかたどる二塔（いまの大塔と西塔）をまず建立されていることを知り得る。大塔は胎蔵界の五仏、西塔には金剛界の五仏を安置したというから、ここに高野伽藍の根本はまず据えられているようである。これを図示すると、右図のような基本設計となり、この基準は今日までほとんど変わってはいない。

伽藍経営　しかし伽藍建立の地は地形上の問題もあり、上述のごとき経済上の問題もあって進行は必ずしもはかどらなかったようである。天長九年（八三二）八月二十二日の日付をもつ願文《がんもん》（『性霊集』所収）では「ここに空海、諸の金剛子らと金剛峰寺にして、聊か万燈万花《まんどうまんげ》の会《え》を設けて両部曼荼羅、四種の智印に奉献す。期する所は毎年一度斯の事を設け奉って、四恩に答え奉らん」とあり、同様に承和元年（八三四）八月二十二日付の手紙には「是の故に、比年、四恩を抜済し、二利を具足せんがために金剛峰寺にして、毘盧舎那法界体性の塔二基及び胎蔵界金剛界両部曼荼羅を建て奉る。しかも今、工夫数多くて糧食つき難し。今思わくは諸の貴賤四衆とこの功業を同じくせん、伏して乞う、諸の檀越《だんおつ》等、各々一銭一粒の物を添えてこの功徳《くどく》を相済《すく》え」（ともに原本は漢文）とあって造営の困難と喜捨を訴えているところをみると、この頃が初期における野山《やさん》造営の苦しい一時点であったことが想像し得られる。

高野山は比叡山と同様に本来修学の道場、修行の場として建立されたものなので講堂は必須のものであった。これがいつしか金堂と呼ばれるようになったのは、その位置が中門の真正面、奈良時代の伽藍における金堂の位置を占めているからであって、鎌倉時代初期の文献にはすでに金堂として記録されているのをみる。本尊は阿閦如来《あしゅくにょらい》を祀っているが、阿閦如来は薬師と同体とする説もあるので講堂（金堂）を薬師堂としている記録もままみられる。講堂には当初から両界の曼荼羅もかかげられており、真言堂としての教学的意味づけもあり、ここを道場として修禅のことを行なうとともに、やはり塔とあわせて密教教理の秘奥を示す密厳国土《みつごんこくど》の意をよく地上に顕現せしめているものだといえる。上述した内の八峰・外の八峰はこれを中心としてまわりをとりまく開敷蓮として、その規模の大きな全山曼荼羅であったことが想定されている。

根本大塔　大塔の型式については、二層あるいは三層にして釈迦・多宝の二仏を安置することは法華経の宝塔品にもとづいて大陸にも先例があるが、いわゆる多宝塔と称せられる一層塔型式についての先例はない。しかし曼荼羅中には三昧耶形として相似た塔形がみいだされるので、これに南天鉄塔の形を加味して造った、高野山独創の木造塔だったと考えられるものである。とくにこれを大塔と称するのは上述した全山八葉曼荼羅の中心を形成するという意味であって、必ずしも巨大という意味合だけのものではない（しかし現在の塔はその高さ五十余メートルで、名実ともに大塔である）。『高野春秋』によると弘仁十年の心柱材伐採の時点から永年を要しており、ついに大師の在世中には完成をみず、着手の時点からすれば数十年を経た貞観十七年（八七五）、真然の時に至ってようやく完工したと伝えられているが、白河院御幸の折にはまだ彩色を完成していなかった由である。これを起点として西塔をはじめその後に多くの多宝塔が各地に建つが、その内陣は二本または四本の円柱を建てて内陣にかたどり、主に胎または金の大日一尊を祀る例が多いのだが、高野の大塔はその内陣には円形の列柱を建て、その内に八角の内陣を造り、ここに胎の五仏を安置するという手法をとっているのも注目すべき点であろう。

『続宝簡集』の「金剛峰寺堂塔建立由来書」に

　一、根本大塔高十六丈

　　安置胎蔵五仏、此塔嵯峨天皇御願、仁明天皇御宇起立御供養、此塔者実恵大徳真然僧正被下宣旨造立之

とみえるのは、こうした永い経緯のうえに完成した時点を示しているものと解せられる。そして『高野春秋』の仁和三年（八八七）の条に「二基塔落慶」とあるのは、大塔・西塔の二基が大師の意向に添って、ようやく完備した時点を示しているものと考えてよかろう。

かくのごとく仁和三年の時点で高野山壇場の伽藍建立の実情はどうであったかは、『高野春秋』に収まる「建立修行縁起」の記載によってなお確実に知ることができる。

　多宝塔一基　高十六丈　一層之勢寔勝数重塔

　　奉安置一丈八尺六寸大日　一丈四尺四仏胎蔵

三間四面講堂一宇　柱高一丈六尺
　奉安置一丈六尺阿閦《あしゆく》如来、八尺五寸四菩薩、七尺二寸不動降三世幷七軀
二十一間僧坊一宇
三間四面真言堂一宇
　奉安置両界曼荼羅上下合四鋪幷壇二面、金剛薩埵《さつた》、龍猛御影各一鋪、
一間四面真言堂一宇
　奉安置法身大日如来一体、四天王像各一体、九丈多宝塔一基
　奉安置八尺大日　五尺四仏金銅、
鐘堂一宇、経蔵一宇、食堂一宇、御影堂一宇、中門一宇、陀羅尼幢二基、奥院塔一基、

とみえており、すでに相当にととのった伽藍景観であったことがわかる。

とくに大塔の巨大さは驚くに足りる。総高一六〇尺（約五〇メートル）、内陣の柱高で三二尺、心柱は七〇尺、相輪（金銅）が五〇尺と誌されている。五重塔でも普通は一二〇尺内外であるのに、単層裳層《もこし》付きのいわゆる多宝塔でこの大きさは構築上の技法が並はずれて大きかったことは技術の上でも驚異の大きさだったといえる。

およそ一〇〇年を経た正暦五年（九九四）の七月に雷火をうけて、これらの大塔・講堂・僧坊などは御影堂をのこしてことごとく炎上してしまう。この後の再興は容易ではなくて、講堂（金堂）が長

徳四年（九九八）に着手しているが、大塔の再建までは前後およそ一〇〇年を要し、嘉保二年（一〇九五）に白河上皇院宣によってようやく着手することができたのであるが、完成したのは康和五年（一一〇三）であった。西塔は鳥羽上皇の御願によってそれよりおくれて再興している。

しかし久安五年（一一四九）にはまた雷火にかかり、大塔・講堂・食堂・灌頂堂などを失っているが御影堂はこの時にも焼けのこっている。しかしこの時の再建は割合に早くて金堂は翌年に、大塔は保元元年（一一五六）に、やはり白河・鳥羽両上皇の配慮によって再興をとげたのである。

その後は永正十八年（一五二一）にふたたび炎上、主要な堂宇を失ったが、木食応其《もくじきおうご》の活躍によって豊臣秀吉の手で再興をみた。この時大塔は慶長二年に出来上がっている。

寛永七年（一六三〇）にまたまた主要の堂を焼き、大塔は十数年を経てようやく再興しているし、金堂は元文元年に再建されている。それらは天保十四年（一八四三）にまた全焼、金堂だけは万延元年（一八六〇）に復興したが、他はついに江戸時代には再興しきれずに現代に入ったのである。ところが昭和元年に再び金堂は全焼し、それまでのたびたびの罹炎にもかかわらず守られてきた平安時代の諸仏像をも焼き、高野一山はまさに焼土の感を味わう惨状となってしまったのである。

今日復興した大塔・金堂は昭和七年起工、昭和十二年竣工のもので、天沼・武田両博士の設計による鉄骨・鉄筋コンクリートを骨組みとし、木材を被覆した耐火建築となっているが、仏像（金剛界大日と胎蔵界の四仏）その他ともに新造であって往古の面影は偲びがたい。中門はいまなお礎石が群在する遺構としてのこされている（平成二十七年四月に再建された）。

壇場ではたびたびの火炎をまぬがれたのは大師堂であるが、いまのものは弘化五年の建物であり、その西隣に准胝《じゅんてい》堂と孔雀堂がある。しかし金堂付近にある鐘楼も、古来有名な荒川経蔵もみな現在はコンクリート造りになってやや風情に欠けるものがある。

高野山領　しかしこうした広大な寺域に壮大な伽藍を建立し、伝統ある法儀を行ないつつその教団を維持するには常に巨大な経費を要したわけであるが、その基本をなすものが高野山領庄園の経済である。

草創当初の寺域はいわゆる弘仁官符にいう「大師御手印縁起四至《しいじ》内」であり、まずこの寺域の安堵からはじまるわけである。現存する高野山領に関する古文書を分析するとまず貞観十八年（八七六）に紀伊国四郡（伊都・那賀・名草・牟婁）に所在する水田三八町を不輸租田とすることがみえる。一〇世紀に入ると高野山の勢力はひどく傾き、上記寺領も国司に収公されるという苦境にも立つが、永承四年（一〇四九）には遠方に散在する寺領を九度山《くどやま》政所近在の水田と交換し、不輸不入、雑役免除の太政官符を得ている。いわゆる官省符庄の成立である。慈尊院にある高野明神（七所明神）をまた官省符明神と呼ぶゆえんである。これをきっかけとして公家・貴族からの寺領施入が増加して、紀伊国内では名手《なて》・石手《いして》・弘田・山東・岡田・相賀《おうが》・山崎・志富田・浜中・荒川・南部《みなべ》などの庄園が高野山領となっている。国外でも次第に寺領は増加し、承久乱の後に有名な神野《かんの》真国《まくにの》庄《しょう》をはじめ紀州では猿川・麻生津《おうづ》・阿弖川《あて》・調月《ちかつき》・小河《おがわ》・柴目《しばめ》などが寺領となり、備後の大田、筑前の粥田、阿波の宍咋《ししくい》、和泉の近木、肥後の岳牟田といったような諸庄が加わり次第にその範囲はひろまって行き、高野山領による庄園経済の隆盛期を迎えている。上述したような大伽藍がたびたびの焼亡にかかわらず遠からず復興をとげている底力はここに見いだされよう。

しかし時には地方の武士に横領されたり、年貢の対抗が激化したり、寺家の支配をはなれた寺領も少なくはなかった。ことに豊臣秀吉による諸国統一の方針は寺領の支配に根本的な傷手を蒙ろうとしたが、木食応其の活躍によって危機を脱している。応其は高野山聖方の僧であり興山寺に住したが、秀吉の根来寺《ねごろでら》攻略の折に和議をあっせんして秀吉の信望を得、高野山再興についても援助を得ることに成功したのである。そして天正十三年（一五八五）に三〇〇〇石の寺領安堵に成功している。秀吉につづいて家康も高野山には力をつくしており、慶長六年（一六〇一）に二万石の所領を紀伊国の伊都・那賀両郡に得ており近世の寺門はここに確立したのである。いまも山上には東照宮や徳川家関係の霊廟が多いのはこの故である。そして近世三〇〇年、諸大名の信仰が大きかったことは、いまも奥院に巨大な大名石塔婆が群在することによってもその援助のほどは推察に余りがあるといえる。

高野七口と女人結界

高野へのみち

高野山の位置や自然の条件、また開創にからまる説話についてはすでに述べてきたので、こんどは登山路から述べてみることにしたい。大体昔から山に入る径は、けものたちの出入する踏みわけの径、けものたちが水を飲みに河辺へおりてくる踏みわけの径、そうしたいわゆる「けものみち」をやがてまた人々が踏みこんで、次第に径は路となりやがて道となってきたものが多い。また河谷に沿うて出入りするのも狩人や山住みの人々にとっては定まったコースでもあった。比叡山へ最澄が入った時も大宮川という河谷沿いに登り、途中の支谷を左へとって最初の伽藍地へ到達したとされ、いまもこのコースは簡単にたどって行くことができる。

高野の場合は空海には導きがあった。狩人たちであり、また丹生族の人々である。こうした人々によって示された路のいくつかが次第に整理されて、高野の伽藍地が完成するに従って登山路として固定してくる。高野七口《ななくち》といって主要な登山路は七つに固定されてくる。大門口《だいもんぐち》（高野街道西口）・不動坂口（京街道）・大瀧口（熊野街道）・龍神口（湯川口）・下峰口（大和街道東口）・黒河口（大和街道）・相浦口（熊野街道）と呼ばれる七口である。『紀伊国名所図会』から登山七路の項を引用してみよう。

登山七路　七口ともに女人堂《によにんどう》あり。堂より上には女人の入る事を禁ず。

大門口　又西口といひ、矢立口・麻生津口・若山口ともいふ。矢立より大門迄五十八町。此道当山西方の入口なり。慈尊院の廟を拝し、坤《ひつじさる》に向いて攀躋《よじのぼ》る。これ忝《かたじけな》くも帝王の臨幸し給へる道にして、山路迂廻なれども嶮ならず。文永年間の町石《ちょういし》、今猶依然として町毎に存す。故に町石道といふ。府下より登るものは、麻生津峠より志賀郷を経て、矢立にて此道に合し、大門に入る。故に若山口の名もあり。

不動坂 又京口《きようぐち》ともいふ。一心院谷にあり。小田原谷にて大門口《だいもんぐち》より入るものとあふ。神谷《かみや》辻《つじ》迄五十町。此道登山正北の入口にして、京大坂より紀伊見峠を越えて来るものと、大和路より待乳《まつち》峠を越えて来るものと、清水村二軒茶屋にて合ひ、学文路《かむろ》を経てこの道より登詣するもの、十に八九なり。

以上二路は下条《しものくだり》に詳《つまびらか》にす。

大瀧口 又熊野口といふ。小田原谷に通ず。此道当山東南の入口なり。熊野本宮に詣《けい》し、夫《それ》より絶嶮の深山幽谷を経て、凡十五里にして高野に至る。街道の地名行程、委しく左に記す。八鬼尾谷《やきおだに》本宮より五十町。○七色茶屋八鬼尾谷より四十町。○八町茶屋二十四町。○はてなし峠八町。○観音茶屋八町。○柳本七十二町。○石楠辺《いしくすべ》八町。○矢倉百町。○三浦峠五十町。○寒野川《かんのがわ》七十二町。○松平《まつひら》十八町。○上西三十六町。○かやごや七十二町。○大又十八町。○水ヶ峰七十二町。○大瀧五十町。○高野山五十町。

龍神口《りゆうじんぐち》 又湯川口といひ、保田口《やすだぐち》あるいは簗瀬口《やなせぐち》ともいふ。大門の左に通ず。龍神より十三里余。此道当山坤《ひつじさる》方の入口にして、日高郡龍神より来ると、有田郡山保田より来ると、新村《あたらしむら》にて合して大門に入る。

大峰口 又東口といひ、野川口ともいふ。蓮花谷《れんげだに》に通ず。大峰より凡十五里。此道当山東方の入口にして、大峰山上より泥川に下り、天川《てんのかわ》を経て天狗木《てんぐぎ》より入る。俗此道筋を七度半道《しちどはんみち》といふ。一度此道より登詣すれば、功徳七度半にあたるとぞ。

黒河口　或は大和口ともいふ。千手院谷にあり。女人堂より黒河村まで五十余町、野平村まで百二十余町、橋本辺よりの近道なり。此道当山 艮《うしとら》方の入口にして、黒河村より来ると野平村より来ると、粉撞峠《こつきとうげ》にて二路合して、千手院谷に入る。

相浦口　南谷にあり。相浦村迄四十余町。此道当山南方の入口にして、相浦郷より登詣す。

高野の七口　大門口は高野街道の表参道として早くからひらかれ、いまもこれは新しい自動車道と交差しながら山麓の慈尊院（橋本町）から延々一八〇町余（およそ二〇キロ）の曲折である。ここに後述する町石卒塔婆《そとば》が建ち、名実ともに表参道として、法皇登山などのみぎりには改修を加えつつ今日に至っている。しかもこの路上からは丹生津比咩明神の祀られる天野《あまの》の地が望拝され、天野への路もわかれているので古来もっとも重要な参道となっている。高野一山の表門である大門にとりつくので大門口と称せられる。行路はるかな山々を遠望し大門に達してふりかえる時、重畳たる群山のこなたに高野はあるといった眺望をほしいままにする。

不動坂口は紀伊見峠を越え九度山の学文路から山上に導かれている。今日の南海電車はほぼこの行程に敷設されているようである。高野山上では北口に当り、また東口とも呼ばれ、大和路とは学文路で合して山上へと導かれている。

大瀧口はまた熊野口ともいって、熊野本宮より深山幽谷を経て来たる登山路で高野の南口でもある。熊野修験者たちが用いた路である。

龍神口は湯川口ともいって高野山の南西の入口、紀州の龍神からは一三里とされている。

大峰口は東方の入口、大修行者は洞川《どろがわ》から天ノ川を経、筒香《つつか》の荘を経て奥院御廟のほうから山上に登達する。大峰行者はこの路を経て高野に達し、金峰修験と高野信仰は一体の修験の場ともされている。またこの路は一度通って登ればその功徳は七度半にあたるというので七度半口ともいわれている。

黒河口は大和口ともいって高野の東北の入口であり、やはり起点は橋本に発している。

相浦口は正南方の入口とされ、相浦村までは四十余町（約五キロ）とされている。

山上に達すると各口ともに最後の結界にのぞんで女人堂が建っていた。どの路からも女人はここまで登ってきてはるかに御堂を拝してまたもどって行ったのである。

女人禁制　比叡山では表口の本坂にある花摘堂をもって女人堂の一つとしているが、高野山の場合は女人堂は各登山路に設置されていた。それに関連して高野山の政所といわれる九度山の慈尊院は大師の母公を祀る女人霊場としてまず重要な存在である。ここは母公の廟所でもあり、国宝の弥勒菩《みろく》薩を祀っている。廟所の前には拝堂があり、そこには大師と弥勒の画像がかかげられ、弥勒は母公であるとされている。大師は母公が弥勒尊になられたという霊夢をみて、追福のために描かしめたものだとされている。九度山という名もここに住まう母公を月に九度も大師は山を降りて訪れ給うたという伝承にもとづいている。母公もまた大師を慕って、しばしば登山を試みられるが、そのつど奇瑞が起こって、山上には達せられずこうしたあたりに早くから女人禁制の制が正式に敷かれることとなったものと考えられるのである。

押し上げ岩の伝承や涙川の地名起源、捻石《ねじりいし》の話などみな母公が山上に登ろうと試みた時の奇瑞とされている。

大師の制止を聞かずになおも登山しようとされたので、大師は袈裟を石上においてこれをこえてはならないように制止されたところ、母公はその上をまたいだ。すでに八十余歳の老婆であった母公にたちまち月水がはじまり、血は袈裟の上に垂れて神聖を害したところ、たちまちに袈裟は燃え上り、石は火焰とともに散って火の雨となって降りそそいできたという。また山上から大石が転落して道をはばもうとしたので、大師は大力を発してこの岩を押し上げ、ようやく危機を救うことができたという。『高野名所図絵』によると、いまも大師の掌の跡が石にめりこんでのこっている。押し上げ岩といわれるゆえんであると説く。母公はくやし涙を流したのが涙川、くやしさの余り捻《ねじ》ったのが捻石だといった霊験譚、いずれも大師霊験と高野の神秘を説いて、女人禁制が固いおきてであることと、そのよってきたるゆえんの古いことを述べようとしているものである。しかし仏教的な立場からする女人禁制は女人を卑しめているのではなくて、罪障重しとする女人を禁じることによって、みずからを反省せしめ、その懺悔によって救いの道を悟らせようとしたもので、罪障の軽い男子は登拝することによって、女人は禁制されることによって、ともに同じ救いの道を得させようとする思想として説かれている。女人は登拝を拒否されることによって罪障を減じ得るとするものである。

七里結界　女人結界はしかし宗派や時代によって随分とその規模を異にしている。比叡山では各登山路の五合目くらいに浄刹結界を結び、ここに「女人牛馬結界」の石標を建てているが、高野の場合は七口の登坂部、つまり伽藍地を眼下に望拝し得る位置に女人堂とその庵室を定めている。東大寺や醍醐寺では堂内を禁制とするごとく、宗派により時代によりその結界の存置には大きな差異がみられる。

『性霊集』巻九には「高野四至啓白文」「高野建立壇場結界啓白文」があって「在㆓此院内㆒、東西南北、四維上下、所有一切、破㆓壊正法㆒、毗那耶伽、諸悪鬼神等、皆悉出㆓去、我結界之近、七里之外㆒」と誌している。七里結界の語が存するゆえんである。七里結界とはいずこをさすかは明確にはできない。むしろ聖地の内界を指す観念的な言葉と解すべきで、七口に既存の女人結界をさすものとしておきたい。大門口では大門までは女人もアプローチすることを許しているから、意外と高野では女人は伽藍地に近づけていることとなる。比叡山では横川路の不二門《ふにもん》や西坂路の而二門《しにもん》なども結界としているが、おそらくこうしたあたりにも女人結界を結んでいたものと考えてよかろう。『紀伊国名所図会』などをみると、大門に向かって右方の熊野口へ出る道辺に女人堂とその宿舎のための庵室などがみえる。七口のうちでは一番おおきな建物だったと注記されている。今日では不動坂口に女人堂がのこされているだけである。

もちろん空海は高野の聖地維持と真言の教法維持のために女人禁制を設けたわけだが、当時は僧尼令にも僧院に女人を入れることを禁じ、尼寺に一切の男僧の立ち入ることは厳重な禁制となっていたので、この精神を敷衍《ふえん》してかかる一般女人の参詣を禁止する策に出たのであろうが、もともとが高野は学山である。一般信仰の聖地としてひらかれたのではなかったことをこの政策はよく物語っているわけである。法門を聞くにかこつけて男女が出入りすると、とかく風紀をみだす恐れがあるので、比叡山とともにこの制は非常に固く守られつづけたのである。

七口の女人堂からはしかし内密の小径が奥院には通じていたので、女人をひっそりと奥院の御廟には参詣することが差し許されていたといわれる。

高野山の女人禁制は明治までつづき、やがて次第に開禁されてきたのだが、明治の半ば頃までは、まだ開禁に関する賛否の両論があり、いろんなトラブルを引き起こしたようである。まず高野の町屋に女人が住むようになって永い時間をかけて次第に今日のような状態になったという。

町石卒塔婆

町　石　高野街道の一つ、九度山慈尊院から山上壇場の大塔まで、一町（約一一〇メートル）

ごとにいわゆる町石《ちょういし》が建っているので、この参道を「町石道」ともいっている。いちばんの表だった登山路である。一八〇本の町石は胎蔵界の百八十尊にかたどり、一本に一尊ずつの梵字《ぼんじ》が彫りつけられているので、一つ一つを礼拝しつつ登れば、信仰の心は次第に昇華しつづけて行くという仕組みである。昔から民衆的な信仰の厚い山にはみな町石を建てていた。醍醐寺の下寺から上寺へ、談山《だんざん》神社(多武峰《とうのみね》)の町石ではいちばん山上にある摩尼輪塔(笠石塔婆)が有名である。そのほか鞍馬寺・室生寺・海住山寺・峰定寺・比叡山など数十か所に町石があったことが知られているが、大体はみな五輪石卒塔婆(足長五輪)の形態をしたものが多いし、たいていは何町目と梵字が彫りつけられているものが多い。高野山にはこのほかに壇場から奥院までを別に三七本(三六町)を建てて金剛界の三十七尊(実際は三六本しかないと聞く)にかたどっているので、双方で胎金両界を示す信仰のルートということになる。この三六町がのちの一里(約四キロ)にあたるのである。

九度山は前述したごとく大師母公の廟所でもあるが、この慈尊院はのち長く高野山の山下政所と呼ばれ、いわば山上消費の兵站《へいたん》基地として活躍するところであり、ここから町石ははじまっている。

『紀伊国名所図会』巻四には慈尊院の項に

むかし大師、木を以て造立し給ふ、朽腐して数百年を経たり。文永二年、覚斅《かくごう》阿闍梨、大師の御告を蒙り、石を以て改造す。御施主は後嵯峨天皇を始め奉り、列国の貴賤みな□□名を鐫《えり》付く。梵文は小川の僧正信範、漢字は世尊寺経朝の筆なり。其時の願文も亦同筆にして山上の宝庫にあり。此丁石壇場を本とす、壇場より奥院に抵《いた》る三十七町は金剛界の三十七尊を標じ、此に至る百八十町は胎蔵界の百八十尊を表せり。かかる尊き道をすすみて登れることなればとかく、帝王既に当所の下乗の楲《ふだ》より玉の御輿を下りさせ給ひ、町ごとに懇《ねんごろ》に御持念拝礼ありて、玉歩をすすめさせ給へりとぞ

と簡明に記述している。慈尊院の付近には大師の筆跡というこの下乗石もあるし、町石供養碑はひどく磨滅して遺存している。法皇もここからは輿を降りて徒歩で一つずつの町石を拝礼しつつ山上に登られたと誌されている。

百八十町石　高野山に所有する『町石建立供養願文』は弘安八年十月廿一日覚斅敬白の奥書《おくがき》があって上引の『紀伊国名所図会』の記述とも合致している。

はじめは木造卒塔婆で建立されていたものだが腐朽することも多く、たびたび建てかえられてきたが、時あたかも文永二年（一二六五）に元冦《げんこう》の役《えき》御祈念のために亀山法皇がみずから高野参詣を企画された時、早晩はとりかえねばならない時期にも際会していたので、高野山遍照光院の覚斅は町石の建立を発願し、これを機会に次第に石造に取り替えて、永久的な施設に替えてゆくことを企画したのである。しかしこれは何分にも天下の大事業でもあったので、後嵯峨天皇をはじめ公家・武家・僧侶に助成を勧進してやがて着工されることとなったのである。秋田城介藤原泰盛も多くの助成を致しているが、全部の木造塔婆が石造に替わったのは二〇年余を経た弘安八年であった。いまのこる覚斅の

願文はこの完成した時点におけるものであり、その苦心のあとをよく示している。梵字は小川僧正信範、漢字は世尊寺経朝、いまのこる願文も経朝の麗筆である。大師がはじめて木柱を建てて参詣者の導きとした時点からすると、およそ四六〇年を経て石造に置き替えられたことになるのである。

町石は山上を一町石としているので登り口にあるのが百八十町石ということになる。百八十町石は慈尊院から丹生官省符神社へ登る石段を八五段登った右側にいまも建っている。そこから神社の後ろの坂を降りきったところに百七十九町石が建っており、そこから一町（約一一〇メートル）ごとに一本ずつが建っているのである。百八十町石から百五十町石あたりまでの三キロ余がいちばん急峻な坂路である。百三十六町石のところから直進すると約一キロで天野の丹生都比売神社へも出るが、登山路は左折してなお山上へとつづく。百二十町石のところに大きな石鳥居が二つ、ここからも丹生・高野の両明神を遥拝するのである。現在の有料道路は六十町石のあたりから旧道とところどころで交差しながらつくられている。いまは欠損、破損しているものも多いが、三十九町、三十八町、三十七町、三十三町、三十二町、三十一町、三十町といった町石は注意していると有料道路沿いの車窓からも見いだすことができる。六町石が大門である。ここから六本、最後の一町石は伽藍境内に至って終わり、全行程百八十町（約二〇キロ）、五里の行程ということになる。この間、現存するものは創設当時のものは一本もなくてみな江戸時代以降の再建にかかるものばかりである。

三十七町石　壇場から奥院御廟に至る間を金剛界三十七尊にかたどったという三七本は一町石が伽

藍に、三十六町石が奥院の御廟内に建っている。一町石から十七町石までが壇場から高野の街並に建ち、十八町石からが奥院への参道（一の橋から奥）に建っているが、このあたりには古い町石卒塔婆ものこっている。

高野山西南院御蔵の『寛治二年白河上皇高野御幸記』には

昇卅町許、天顔漸曙、悉弁物色、自是之後、地形頗平、路頭立卒都婆札等

とあり、寛治二年（一〇八八）の白河上皇の御幸の際の記述であるが、暁から登りはじめ、ようやく急坂を登りきったあたりで夜が明けそめてきたことを述べている。しかしこの卒塔婆はまだ木造のものをさしているのであろう。

天治元年（一一二四）秋の『鳥羽天皇高野御幸記』に「行程三十六町、毎町立卒塔婆、而其数三十七本、尋㆓子細㆒依㆑書㆓金剛界三十七尊種字㆒」とみえるのは壇上から御廟まで、天治元年にはすでに木造卒塔婆が建っていたこともわかる。しかしこれより少し早い頃に登山した藤原道長と頼通の参詣記には木造卒塔婆の存在を拝礼した形跡がみられないので、一一世紀の後半になって建ちはじめたものと考えられる。

その形状はいずれもいわゆる一石五輪型式で地輪を長くした卒塔婆である。弘安八年の供養願文には、高さ一丈一尺、広さ一尺余とみえているが、現存のものは土中に入っている関係もあるのか地上は一丈（三メートル余）がほぼ平均した寸法である。

壇場と奥院は金剛界の三十七尊にかたどり三七本を建て、「三十六町一里」としたというのだが、上述のごとく現存するのは三六本であり、三十六町石は文永四年太上天皇御奉納で、御廟玉垣内（左側）に建っているので、これを基準にすれば三六本しか建立されていないことになる。

壇場の伽藍群

壇場　壇場の伽藍についてはすでに若干述べてきたところであるが、奥の院とあわせて高野における もっとも重要な宗教施設なので、ここにさらに詳しく記述をしておきたい。

いまは礎石しかのこしていない中門址から石段を登りつめた広場が壇場の伽藍地である。当初ここに塔と講堂（のちの金堂）と僧坊がまず建ちはじめたことはすでに述べたとおりであるが、いまはここに大小十余の建物がある。大塔・西塔・金堂（旧講堂）・両所明神社・山王院・御影堂・准胝堂・孔雀堂・荒川経蔵・鐘楼・愛染堂・三昧堂・不動堂・大会堂などである。最初の金胎の大日を形どる二塔が大塔と西塔であり、修学研修の場としての講堂、生活の場としての僧坊、これで空海の理想とした最低限度の規模はまず出来上がる。もともと山岳地の伽藍には定まった配置はない。利用し得る地形がまず伽藍の配置を定める第一の条件となるわけである。その点では比叡山よりも高野山のほうがはるかに平面的で有利である。比叡山では同一平面の地盤に、二つ以上の主堂が建っているところは一つもない。一地盤に一主堂である。そうした平地が求められないので必ず相当な高低差のもとに伽藍がおのずから配置されているのである。高野山は「たかの」の名が示すとおり、土地は高所だけれど相当な平面の地盤を得ることができる。いまの高野の全施設が若干の高低や傾斜はあってもほとんどそのすべてが同一地盤に施設されているのとは同じ山岳伽藍といっても大きな差違がまずみられるところである。

弘仁七年（八一六）七月八日に下された官符によると高野山の四至（四方）は

東は丹生川上峰を限り
南は当川南長峰を限り
西は応神谷を限り
北は紀伊川を限る

という地域となっている。弘仁八年に空海はその中心地に丹生・高野の二神と十二王子・百二十伴《つれ》といわれる眷属神のすべてを勧請して地鎮を行ない、まずのちの講堂に当る建物を建てたという。同じ年の六月には虎ヶ峰で近く着工すべき大塔の心柱を切り出している。『一代要記』によると本格的な講堂（金堂）の落慶は天長九年（八三二）のこととされているが、一説には承和五年（八三八）頃だという説もある。

つづいて大塔の建築であるがこれは前に引用した「勧進泰造仏塔知識書」に「毘盧遮那法界体性二

基および胎蔵金剛両部曼荼羅を建んとし奉る。然るに今工夫数多にして粮食をも給し難し」とあり、承和元年八月には諸方に喜捨を求める記事があったので、おそらく二塔の完成は空海の在世中には果されなかったものと考えたほうがよさそうである。そして承和二年（八三五）に空海は入定しているから、諸伽藍の完成は実際には弟子の真然に継承されて、大塔と西塔は仁和三年（八八七）頃に出来上がっているようである。これを第一期の造営とし、大師の僧坊を増築したいわゆる二十一間僧坊や食堂《じきどう》が第二期の工事として昌泰三年（九〇〇）頃には完成をみるに至ったようである。ちょうど宇多法皇の登拝された頃に当っている。すでに空海の着工からは五〇年余を経ていることとなる。

中門址は伽藍地の正面から一段低い場所にいまも礎石をのこしている。柱間が五間の建物であったことは礎石でわかるが立面は重層であったという。天保年間の大火で失われたままである。この中門を再興した時に安置する予定のもとに造られた二天の像はいま孔雀堂におかれたままとなっている。

金堂と塔　金堂は昭和元年に焼亡し、いまはコンクリート造りの大堂、七間七面入母屋造り本瓦葺である。秘仏の阿閦如来と不動明王・降三世明王・金剛薩埵・虚空蔵菩薩・金剛王菩薩・普賢延命菩薩を祀り、阿閦を除いて他はすべて国宝に指定された平安時代の彫像であったけれども、すべては昭和元年の火災によって烏有《うゆう》に帰してしまった。現在は高村光雲作の阿閦を本尊としている。

大塔は多宝塔型式であり、現在のものも古式のとおりその高さ一六丈（約五〇メートル）のコンクリートの大塔である。位置も古来の場所で金堂の向かって右後方である。本尊は胎蔵界の大日と金剛界の四仏で、これを安置しているのは、真言密教の根本典籍である『大日経』と『金剛頂経』が分つべからざるものであることを示すためだとされている。高野一山の中心でありこれを根本大塔と呼ぶゆえんである。比叡山が一山の中心を根本中堂に求めているのと相似ている。安置仏についてはしかし大塔の五仏は全部が胎蔵界で、大日五仏を祀る西塔とは相対的な存在として考えられていた時代もあるが、いまはこのように大塔内に胎金の両界の主尊をミックスして名実ともに大塔がその中心となっている。いまの大塔は大師の一千年遠忌《おんき》記念の事業で昭和九年の落慶であり、本尊のうち四仏は嘉永四年にすでに製作されていたものである。

西塔は大塔とあわせて胎金を示すといった時代もあったが、上述のとおりいまは大塔に両界を示す仏像がおかれているので西塔は別個のものと考えてよかろう。光孝天皇の勅により真然によって創建されたもので、壇場の西北隅に建っている。高さは九丈（約二八メートル）五間（柱間）四方の建物である。天保五年の再建にかかるもので、いまはここにも金剛界の大日と胎蔵界の四仏を祀って大塔と相対している。この塔の本尊のうち大日如来は平安朝初期（おそらく創建時のもの）の仏像、他の四仏は後補で近世のものである。

両所明神と山王院は壇場の西方によく繁茂した叢林の向こうにある。春日造り二社は丹生都比咩明神と高野明神、流造りの一社に十二王子・百二十伴といった神々が合祠されている。大師がこの地に地主神を迎えたのは弘仁十年五月のことで、以来伽藍鎮護の山上における主神となっている。壇場ではいちばん早く建築に着手されたとされている。現在の建物は寛永十八年（一六四一）のものである。

この前に九間三面の細長い建物が拝殿のような格好で建っているのが山王院である。地主の神たる山王諸神を拝する場所である。比叡山において地主神の日吉諸神を山王さんと呼んでいることと同じである。ここでは年中いろいろな宗教行事が行なわれるが、いちばん大切な法儀は旧暦の五月三日に行なわれる竪精論義《りつしようろんぎ》である。師範格の精義者と弟子格の竪義者はいわゆる論義の形で教学の真随についで問答するもので、竪と精は両明神に見立てられ、これを勤める者はその一年間両明神を自坊に迎え、一年間は山外にも出ずに朝夕明神に勤仕《ごんじ》することとなっている。壇場の叢林にとりかこまれた山王院と両所明神のあたりにはいまも特異の雰囲気がただよい、伽藍鎮護の神々といった神々しい感じである。

御影堂　御影堂は金堂の後方、赤い端垣をめぐらせた三鈷松を前にしている宝形造り、三間四面檜皮葺の建物である。もともとは大師の住坊として伽藍に建ったもので、そののちこれを改造して二十一間僧坊になっていったが、いまはまたもとの住坊の形にもどり、ここに真如親王の筆になるという大師の画像があり、これを守るように外陣には十大弟子の肖像がある。

本来、御影堂は開山や高僧の生前の住坊に発し、没後その姿を彫像または画像で祀り、弟子たちはこれに生前と同じ形でお仕えをするところに発しており、のちここが信者たちによって礼拝されると開山堂という性格をもつようになってくる。神護寺でも空海の住坊であった納涼坊《のうりようぼう》にいま半肉彫りの影像を本尊とする御影堂があるし、東寺にも大師住坊に発する大師堂が存在している。禅宗における塔頭《たっちゅう》寺院の発生もその軌を一にする思想である。山城栂尾《とがのお》の高山寺《こうざんじ》にも明恵《みょうえ》上人の住坊であった禅河院がいま開山堂と呼ばれて上人の影像を祀っているが、みな同じ思想にもとづくものである。御影堂の本尊に供養する法儀を御影供《みえく》と呼ぶが、御影堂にはまた常任の供僧をおいて朝夕の奉仕をするのが仕来りである。

比叡山には外見上には御影堂も開山堂もないように思えるが、前章で述べたごとく伝教大師の影像は根本中堂内陣の向かって左の厨子《ずし》に安置されて、ここを大師堂と呼んで、また開山堂ともしている。真言宗では大師堂がどこでも大きく前に出てくるが、比叡山系では大師堂はあまり大きく造っておらない。このあたりにも、空海と最澄の人がらのちがい、また教団の体質の相違といったものが感じとられる。

その他の施設　准胝堂は御影堂の西隣にある小さな建物で准胝観音を本尊としている。天平から貞《じょう》観《がん》期の仏像だといわれている。明治の神仏分離の時に天野社から移したという愛染明王二体もここにある。

孔雀堂は准胝堂に並んでいる。仏師快慶作の孔雀明王と中門におく予定であった二天像がここにおかれている。

鳥羽上皇の皇后美福門院《びふくもんいん》（藤原長実の女）は、平治元年（一一五九）に鳥羽院の御菩提をとむらうために紺紙金泥の一切経を作り、経会《きようえ》の料として荒川の庄を添えて寄進し永代供養の善根とされた。この経典を納める経蔵はいま六角円堂造りコンクリートの建物が金堂の西南に建っている。ここには三五七五巻の経巻が重要文化財として保管されている。世に荒川経と呼ばれるゆえんである。

不動堂はもと一心院谷にあった建物であるが、いまは壇場に移されて国宝に指定されている。八条女院の御願によって行勝上人の建立《こんりゆう》と伝える。三間三面の主堂の両側に一間三面の側室を付属させ、堂というよりはどこかに住坊風の面影をもつ建物である。行勝上人念持の不動尊と運慶作という八大童子とを安置していた。八大童子とは恵光・恵喜・烏具婆誐《うくばが》・清浄比丘・矜羯羅《こんがら》・制多迦《せいたか》・恵耨達《えのくだつ》・指徳《しとく》の八体でみな国宝となり、不動尊ともどもいまは霊宝館に移されている。

大門からきた道を中門前より一町ほど東へ行った左側に五条の筋壁が入った塀でとりかこまれた一郭が勧学院で、ここは伽藍に準じた取り扱いをうけている。山内衆徒の勧学修練のための道場であり、はじめは金剛三昧院にあったという。文保二年（一三一八）の秋、後宇多法皇の院宣によって現地に移されたといい、いまも一山大衆の勧学会はここで行なわれている。勧学会は旧暦の八月二十一日の早朝から論義の形で行なわれ、交衆《きようしゆう》と呼ばれる学生《がくしよう》から次第に昇進するために受験するのであるが、いま勧学院における学会《がくえ》は『大日経口之疏《だいにちきようこうのそ》』『釈摩訶衍論《しやくまかえんろん》』『十巻章』を講讃するのを習わしとしている。

中門址の東方に蓮池があり、池中の小島に小祠がある。善女龍王を祀るとされている。善女龍王は空海が京都の神泉苑で祈雨の修法を行なった時に出現した龍神と伝え、金剛峰寺には後述する一幅の画像（国宝）を伝えている。宝冠をつけ唐風の装束をつけた男性の姿で善女というが女性的なところは全くない。裾からほんの少し龍尾をのぞかせるあたりが神秘的な画像だといえる。

六時鐘は壇場の東の入口、金剛峰寺前西方の道路に面した高い石垣の上に建っている。鐘楼は天保六年の再建、鐘は寛永十二年の在銘であり、壇場にある鐘と交互に一時間ごとに撞いて時報している。

山上伽藍の鎮守社　高野山上の伽藍は、根本大塔・金堂・御影堂を中心にして、東塔と西塔の間を壇場と称しており、一山の中心はここにあり、山上の丹生・高野両明神もこの一隅に勧請されていることは一応前述したとおりだが、『金剛峰寺堂塔建立由来書』（重要文化財）には、壇場の鎮守社についてつぎのように記している。

山王院神社　三宇
北　丹生大明神　女体本地胎蔵界大日
南　高野大明神　男体本地金剛界大日
総社　一宇　十二王子、百二十伴、
男女二体但大師御筆
此宸殿持明院禅信検校之時、承安二年之比、改被造立、拝殿鐘楼同之

この鎮守社は弘仁十年五月に大師が天野から勧請されたもので、仏教的な年中行事が数多く行なわれるので、大きな拝殿を建ててこれを「山王院」と呼んでいる。山王院の行事として記録にのこるのは、天仁元年冬十月朔日ここで仁王講を始行し、「天下泰平風雨順時　五穀成就　万民豊楽」のことを祈りはじめるが、そのためには一日三人宛の僧侶が﨟次《ろうじ》によって勤仕することを定めている。高野山大学にある『高野山年中行事』という記録によると、正月は八日、十三日、十五日と山王院で大般若、十六日には問答講、二十日から二十三日までは天野社の五問一講、二月以降の各月は毎朔日に山王院で大般若、晦日には天野での大般若が多い。そのほか四月晦日の天野八講、六月十七日の天野宮番組能、九月下旬に行なわれる天野如法経会、九月晦日に慈尊院鎮守七所明神での理趣経会といった調子で、神仏習合の行事は数多く見いだせる。これらは江戸時代の記録に見えるところだが、いまも正月には山王院において一山の大衆が参籠して論義を行なっている。この論義は問者《もんじゃ》と竪者《りっしゃ》が明神と大師に扮した形をもって行なわれ、神役の当番僧はこの日から一か年間は山を出ることが許されず、精進潔斎して行動を正し、自坊には両所明神の画像を祀り、宮司役として勤仕することが習わしになっているという。また四季に波切不動尊を山王院に迎えて、国家の安泰を祈る「四季の祈り」などが、現在の重要な社頭法儀となっている。

『高野春秋』によると応永十三年三月、両所明神は一山大衆に垂示して「満山学侶懈惰、事教之所学衰微、無由護山、吾夫意欲還昇高天原」の神託を下したという。これに対して一山の学侶は爾後毎年五月三日を定めて、「山王院竪精大会」を催して神意を慰めることとなり、以後これが慣例になったと書いている。このように各時代を通じて山上の伽藍神は天野の本社とともに、深い一山の帰依と広い一宗の崇敬をうけたので、本社の神々はその神功を高く評価され、寛平九年十二月には従三位、寿永二年八月には従二位の神階を得るに至っている。鎌倉時代の「高野山水屏風」（堂本美術館蔵、絹本着色六曲一双）には、端垣《みずがき》をめぐらす壇場の両所明神とその拝殿（山王院）のあたりを描いているが、現況とさして変わってはいない。向かって右が丹生明神、左が高野明神、手前の小社は総社である。

山上においては壇場の伽藍群に対して、祖廟がある奥院の地位は同様に高い。廟墓をめぐる奥院の一帯には卒塔婆群があり、藤原貴紳らの手によって経塚が営まれたり、遺灰が埋納されるといったような記録もたくさん伝わって、ここは古今を通じて地上の聖地・霊域たるの名にそむかないが、廟墓の向かって右方には天暦七年に雅真大徳が創祀した丹生・高野両明神祠が、老杉のもとに二宇併立している。『高野春秋』にはこの奥院の創祀についてつぎのように述べている。

（天暦七年）夏月中、再興奥院御廟、及創造廟左二ヶ神社丹生高野是雅真之営構也。古記云、御廟橋南辺往還之西傍、昔有二小社、是土州御厨明神、於当山号耳開通法明神是也、為大師往昔御勧請之両神社也、又一書云非御厨神今之両社也

天徳元年三月二十一日の条には、

落慶奥院御廟堂及両神二社、唱導師執行雅真師、職衆門徒中皆参、群詣道俗迨還絡繹

とその創立や造営の状況を推定するに足る。

このほか山上の院坊にはそれぞれに由緒をともなった両明神をはじめ、その他の護法神も勧請されているが、主なものを示せば壇場の東南、南谷の宝性院には明神出現の霊跡というのがあり丹生津比咩を奉祀しているし、同じ南谷の西光院谷浄真院にも丹生・高野両神祠に稲荷社を祀っている。南谷の東方に当る小田原谷では金剛三昧院に立派な高野四所明神祠が建っているし、小田原谷の東、往生院谷の萱堂には本堂の裏に春日と天神、高野四所の神祠がある。このほか「高野山水屏風」をみると金剛峰寺本坊にも鎮守社があり、他の主だった院坊や堂塔にもみな両所明神を鎮守として祀っているようである。また山上には「岳《だけ》の弁天」をはじめとして弁財天社も多く、地理的な関係から熊野社を祀るところもあるが、千手院の熊野社は建治元年の夏、一遍上人が熊野詣での帰路を高野山に登り、千手院の付近に草堂を営んで称名念仏した跡だと伝えている。そうした詳しいことがらは、「山水屏風」を仔細に検討することによっていろいろ発見するところもあろうが、あまり細かな問題にわたるのでその若干を例示するに留めておく。

竪精論義

師と資と　比叡山でも止観業の課程で行なわれる論義は重要な行事となっている。比叡山でいう論義とは法華経の経義を論述するという意味で、問答は出題する師と解答をする竪者とで成り立っているが、いまは五年に一会《いちえ》の勅会《ちょくえ》の法華大会として大講堂で行なわれつづけている。昔は遮那業に属する五箇《ごか》の大法（熾盛光法・七仏薬師法・普賢延命法・鎮将夜叉法・安鎮国家法）も伝統のある行事として毎年行なわれてきたのだが、いまは毎春とりおこなわれる「御衣加持御修法《すほう》」の折にこの五つの法儀を順ぐりに行なってかろうじてその伝統を維持しつづけているだけである。庶那業におけるこの五箇の大法に対して、止観業でも重要な法儀が「三大の勅会」と称せられるものである。東塔の法華大会、西塔の勧学大会、横川の大法元三会であったわけだが、上述したごとくいまはこのうちの法華大会のみが五年に一度、論義の形式でその伝統をつないできているだけである。

高野山の竪精論義もこれと形式は相似するもので、特有の秘密行事として行なわれつづけている。竪精論義は壇場の山王院で行なわれるが、この間は南院から波切不動尊（国宝）をここに移してこれを本尊としてその宝前で行なわれることになっている。

比叡山における法華大会が師資ともに登龍門であるごとく、高野山における竪精論義も僧侶の序列・位階を定めるためには必須の重要な関門となっている。また検校法印といった最高位に昇進するためにも師資ともに経由しなければならない重要な行事となっている。精義者は師範であり、竪義者は受講者であるが、両者とも前年九月から一年近く、自坊に両所明神を祀ってその加護を願いつづけるという心がけでこの法儀にのぞむことになっている。現在の竪精は五月三日から翌朝まで夜を徹して前講・本講・後講に分けて行なわれるが、精義者は十か条の問題を提示し、竪者は教学上の義に照らした解答をしなければならない。このほか問者・講士・読師・唄士・散花・鐘打・註記といった役職があり、古式にのっとっているが、比叡における同様に現行では形式主義的なものとなっている。

堀田真快師の『高野山』には

儀式中の晴れ役なれば、悠揚としてせまらず、荘重にして晴れやかにとり行なう慣いに従い、薫香により香菩薩の影向を仰ぎ、諸仏を勧請し、諸仏神明の冥鑑を仰ぎ、一会の心気を清く朗らかに厳粛ならしめ、法悦三昧を示現せしむるにある。

とその心がけを述べているし、関係者は両所明神を一年間自坊にお迎えして、一年間はみだりに山外に出ず、朝夕これに勤仕する一種の神事でもあると述べられている。

論義ことば　同書には「論義の論題と実例」としてつぎのような実演の情況が誌されている。

論義には、前もって学匠によって作成された文案、高野特有の音譜、四声点、引声、歌声などが指定されていて、これらは阿闍梨に師事して面授を受けて練習しなくてはならない。学会《がくえ》ごとにその論題は変更される。

難（不審の点に就いての論難）答の二段になって、それが一から四まである。とりあげられるのは『大日経疏』の内容に関することが多い。それを高野点たる四声の音譜・抑揚・階調・韻律がアレンジされて、暗誦して高声にて難答応酬して行なわれ、一座の大衆は厳粛荘重の気にうたれ、思わず「自受法楽《じじゅほうらく》」（自分ながら法悦）の三昧境に陶酔し、南山学風の尊厳味を体験するのである。

その内容の一端を示せば

一　四重附初日一番大日経教主（難）

不審申《シ》候段当段就《ニキ》下云《フ》二毘盧遮那《ト》一文《ニ》上候《テ》当疏所釈《ノ》経《ノ》教主可《シト》二自性本地身《ナル》一乎《ヤ》可《ベク》二心得一候

一　大日経教主（答）

御答申《シ》候当段就《ニテ》二毘盧遮那《ト》云《フ》文《ニ》一当疏所釈《ノ》経《ノ》教主可《キ》二自性本地身《ナル》一乎《カト》云《フ》御不審候《ゾウロウヤ》　哉覧《ラン》左《サレド》　候《ゾウロウ》

あるいは

一　論議

自受ノ説《セッタ》ハ常恒演説嶺上白雲多シ持《ジ》シテ君ニ贈ルニタエズト云フ如クデアラウ者ヲ取リ成スト云フハ心得難イ

一　仲々《ナカナカ》

二　慕

有ルマイハ筆墨ニモ及バヌ程ノ絶景ジヤニヨツテ実ハ贈ルデハ無クトモ情《ナサケ》ノ深キヲ知ラシメンガ為ニ左様云ウタト心得ル

二　加顕《カケン》

嶺上白雲多キ前ヲ写シ取ツテ贈ル程ノコトハ有ラウカ嶺上白雲多シト云ウ前ニ筆墨ノ及バヌ

理《コトワ》リハ無イカ

など一つの例にすぎないが、全体の雰囲気を推しはかることはできよう。

このように「加題・募・詰・遁」と三度ずつ同様の詞を繰り返し、四度目につぎに移る方式は「因明」の論理に準拠し、論議詞《ことば》を用い、論疾に陥《おち》いることなく、岩上出水論鋒あざやかに敵者の肺腑をつくのである。

また論議詞は、能狂言に移入されていることが解るであろう。幽玄な声明《しょうみょう》音楽に論議詞で演ぜられる光景は、器楽の伴奏や仕舞がないだけで、能狂言や謡曲の源流となるだけの芸術と宗教の融和した三昧境のあることが想像されるであろう。「娯楽論議」ということばもあるように、秀吉や家康はもとより、法皇などにも大気に入りで、一種のショウとして、高貴の人々にたびたび実演されたことは、古記録によってわかる。

比叡山の法華大会における論義にも勅使を迎え、勅使は古式にのっとって国宝の『光定戒』帖を改め、形式上は勅会として行なわれるこの儀式には、古典的な用語のかずかずが垣間《かいま》みられるところ、ともに伝統ある法儀ではあるがともに形式化した点にも現代の共通性がみられる。

奥院と御廟信仰

奥の院へ　伽藍にある一町の町石卒塔婆から東へ、金剛峰寺（本坊）を過ぎ、子院と町屋の櫛比する街道をすすむと蓮花谷から東の深林十七町石のある一の橋に達するが、ここからが奥の院の霊域である。『紀伊国名所図会』には「千載の老杉、百丈の古檜、鬱蒼として蔭を結び、わづかに日影を窺ふ。只清泉瀝々、天風颯々として、幽邃寂寞、塵還を隔つることいよいよ遠し」とみえる。

堂本美術館に所有する「高野山水図屛風」は中世における高野一山をあますずに描いているものだが、奥の院の霊域にかかると木造卒塔婆の群立を描いて自然御廟所へと導いている。いまは近世の大名墓をはじめとする石塔群で埋まっているが、昔はそのすべてがいまの町石のような形をした木造卒塔婆であったことがわかる。すべてが全国のあらゆる宗派あらゆる階層から供養のために奉納されるものであった。ここから一八町の間は天下の霊域である。

『紀伊国名所図会』には

一の橋　又は大橋といふ。御廟まで十八町なり。其間橋三つあり。欄干皆擬宝珠《ぎぼしゅ》あり。此橋より御廟に至るまで、道の左右に、公家武家を始めて、浮屠氏《ふとし》は更なり、海内《かいだい》の諸名家農商の男女、力士俳伶の類まで、其碑碣《ひけつ》累々として、幾千万といふ数をしらず。各院これを守護して香華を採り、菩提を弔ふ事怠なし。就中《なかんずく》一番石塔の如き、高大《こうだい》眼を驚かすあり　朝鮮役士の碑のごとき、武夫を慷慨せしむるあり。本阿弥の七石塔、親鸞上人の碑の如き、制作の奇なるあり。其他列侯の祖先の碑、大なるは衆碑に魁出《かいしゅつ》して著く、小なるは殿宇を造り、五采を装ひて輪奐《りんかん》たり。或は

花表を建て、或は石廓を廻らす。其趣さま〴〵なりといへども。皆高祖大師と共に、三会《さんね》の暁を期《ご》すといふ、深き因縁ある事となん。

とあり、宗派を超え巨大な石造五輪やささやかな百石塔群が、鬱蒼とした老杉の樹の下にひしめいている。

御廟所はそうした塔婆群の行きついたあたり、御所芝と呼ばれる千年杉の下にひっそりと宝形造りの建物が建ち、まわりを玉垣でかこみ、その前に大きな燈籠堂が建っている。

数多い石塔の中にはいろいろ珍しいものもあるが、ここには文禄・慶長の役の後に、敵味方戦没者を供養するために立てた「朝鮮役士亡霊の碑」と江戸の火災による焼死者をとむらう「文政十二年燔死群霊碑」の二つをかかげてみよう。

燈籠堂の前の石段に三十五町石（文永三年）があり、三十六町石（文永四年の太上天皇奉納）はすでに述べたとおり御廟の城内に建っている（実質的に三十七町石は存在しない）。廟宇に向かって右の樹立の下に両所明神の小祠があり、香煙は縷々としていつもたなびいている。

「父母のしきりに恋しきじの声」芭蕉の句境はいまも寂静としたこの天地には生きている。この句碑の裏には

ほろほろと、鳴は山田の、雉子のこゑ。父にあらむ、母にやと、おもひしたへる。いにしへの、良弁のかの、ふるうたに、かよふ心の、十あまり、なゝつの文字を、石に今、きざみてこゝに、たつかみゆ。紀の高野《たかの》なる、法《のり》の月。雪にさらして、すゑの世も、くちぬためしを、この国に、この道したふ、泝風《そふう》てふ、人のまことを、かきぞとゞむる。

雪中庵蓼太

数多い石造五輪のうちで「一番石塔」と呼ばれるのが参道左側にある崇

源院殿供養の碑。駿河大納言が母公御追福のために建てたもので、高さ三丈（九メートル余）、四メートル四方の基壇を構え、石の玉垣をめぐらせている。

やがてすすめば玉川の清流が流れ御廟橋（無明橋）を渡ればいよいよ聖域である。昔はこのあたりに大師を偲んで草庵を営む者も多かったというが、いまは燈籠堂や護摩堂・御供所などが建っている。

入定所　『奥院興廃記』には入定後数十年を経て醍醐天皇が空海に紫衣を下賜されたので、石室をひらいてみたところ顔色もいまだ変わらずさながら生けるがごときの入定の姿であったので、鬚髪を剃って以来石室は永久に閉ざすことになったと誌している。

大師は入定の三年くらい前からその時のあるを察知し、遺告《ゆうごう》を作って弟子に与えたり、以後の一山経営のことを弟子に言い伝えたりされているが、特に『二十ヶ条御遺告』はその中心をなすものとされている。

かくて予言したごとくに承和二年（八三五）三月二十一日の寅の刻（午前四時）、結跏趺坐《けっかふざ》して大日の定印《じょういん》を結び奄然《えんぜん》として入定せられたという。六一歳である。四十九日の御中院にも顔色おとろえず、肌なおあたたかく頭髪ものびていたので鬚髪を剃り、弟子の実恵・真済・真雅・真綿・堅恵・真如・真然らが輿をかつぎ、大師みずから定めておかれた霊窟に納め、四方を石でかこい、わずかに人一人が出入りするようにし、五輪石塔を建てて宝形造りの小堂を建てて廟宇を形成したという。『紀伊国名所図会』の御廟に関する名文をここに引用してみよう。

御廟　一に禅定が洞《ほら》といふ。歌には岩の室、苔の洞などよめり。南面にして宝形造なり。総て文彩を施さず、素質の結構、隠然として古檜老杉《こかいろうさん》の際に拝まれさせたまふ。拝参の人、粛々として容《かたち》を改め、忽に塵累《じんるい》を脱却して、上品《じょうぼん》浄土にいたる思を成すべし。仁明天皇承和二年三月十五日、大師告げて曰く、吾去《われいにし》天長九年十一月十二日より穀味《こくみ》を厭ひ、専《もはら》座禅を好む。皆令法久住《りょうぼうくじゅう》の勝計、末世の弟子等が為なり、方《まさ》に今諸《もろもろ》の弟子諦《あきらか》に聞け、吾生期《しょうご》今幾程ならず、汝等能く住して教法を守るべし、吾入滅の期《ご》、今月廿一日寅刻なるべし、諸弟子敢て悲泣する事勿れ、吾滅しなば、信を両部の三宝に帰せよ、自然我に代りて眷顧を蒙らむ、吾生年《しょうねん》六十二（六十一歳の誤り）、夏臈《げろう》四十一なり、吾本《もと》一百歳に及ぶ迄世に住して、教法を護り奉らむとこそ思ひしが、今は却て諸弟子等を頼み、急ぎて即世《そくせい》せむとすとのたまひ、果して三月一日寅刻、結跏趺坐して大日の定印を結び、奄然として入定し給ふ。兼日一旬の間、四時の御行法あり。其間御弟子達、弥勒《みろく》の宝号を唱ふ。閉目して言語なきを以て入定とす。自余は生身のごとし。（中略）結縁《けちえん》の道俗数をしらず。摩尼峰《まにほう》の下、姑射山に対して石室を設け、其定身を安じ奉り、上に五輪の塔婆を置き、仏舎利を安じ、又宝塔を建て、種々の梵本陀羅尼《ぼんぽんだらに》を納む。皆これ真然大徳の営なり。

高野山では、だから空海は入滅《にゅうめつ》されたのではなくて、そのまま入定して生きつづけ、衆生を見守りつづけているという信仰になっている。入定信仰というわけである。空海自身の書いたものにも兜率《とそう》願生《がんしょう》、未来仏たる弥勒菩薩の浄土（兜率天）に生まれ、弥勒とともにいつかは下生《げしょう》してふたたび救世

不滅の法燈

主とならんことをいっているし、空海が釈迦と弥勒の間にある「二仏中間の導大師」という自覚をもっていたということが、こうした信仰を生むこととなったようである。いまに至るまで奥の院の御衣を替えることを意味して御衣加持という行事も行なわれつづけている。またはじめに述べたごとくここは外の八峰たる転軸・楊柳・摩尼の三山にとりかこまれた中央の台地で格好の入定の地、奥の院の地としてはまことにふさわしい四囲の環境を備えているところである。

ともしび 奥の院御廟の前にある大きな建物（いまはコンクリート造り）の燈籠堂には古今にわたって多くの信者からささげられた数千の燈籠がまたたいて神秘的である。その中でも永久に消すことのない二つの燈火がある。一つは白河天皇が手ずからともされた「白河燈」、いま一つは有名な「貧者の一燈」（持経燈ともいう）である。これは長和五年（一〇一六）に祈親上人の手によってともされた燈で、すでに一〇〇〇年近くまたたきつづけているわけである。祈親上人は御廟の芝に青々と生いはびこる苔をつまみ集めて火うち石を打った。「この鑽《きり》火を五十六億七千万年、慈尊出世三会《ね》の暁まで伝えまほしく存ずる、誓願斜ならずんば、これなる苔に火をともさしめ給え、南無帰命頂礼高祖大師遍照金剛」、この啓白にこたえるように苔はもえついたという。以来一千年の消えずの燈明なのである。あたかも比叡山の根本中堂、薬師の宝前に最澄が「あきらけく後の仏の御世までも光つたえよ法《のり》のともしび」と祈って、三つの燈を点じて以来、不滅《きえず》の法燈《ともしび》としているのとよく似ている。

出土品　聖地である御廟の付近には昔から草庵を設けて禅定に入る者も少なくはなかったが、この霊地に結縁して多くの埋納品があったことも知られている。古くはいま霊宝館にある南保又二郎の蔵骨宝篋印塔が知られている。高さ二六・九センチの金銅宝篋印塔形蔵骨器である。明治末年に御廟垣内の向かって左の奥から鋳出銅板の三尊仏とともに発見されたものである。塔身部の四方に金剛界四仏の梵字を刻《ほ》り、基壇の四方に

大師御入定奥院埋土中
安置高野山八葉峯上南
保又二郎入道遺骨也弘
安十年六月二十二日卒

と刻名がある。いまは重要文化財に指定されている。これと伴出した鋳出銅板阿弥陀三尊像は古いも

ので白鳳期のもの、いわゆる押出仏（鎚鍱仏）の原型と考えられるもので、おそらく南保又二郎の念持仏であったものと考えられる。

昭和四十年に開創記念行事を迎えるに当り、金剛峰寺では昭和三十五年頃から、御廟付近の整備や燈籠堂の改修を行なっていたが、その際にこの付近から多くの供養埋納遺品が発見され、各時代にわたる御廟信仰の実態というものが改めて明らかにされた一面もある。御廟瑞垣《みずがき》の修理や植樹にともなって出土した法薬尼奉納経塚遺宝をはじめ、多くの埋蔵骨蔵器や供養石塔等の発見である。石塔・納骨器・燈明器・古銭・鏡・仏像・石仏・泥像・経筒・経巻といった供養遺品の全般にわたった発見であった。

奥の院経塚 なかでも経塚資料一括は真言宗としては珍しい作善業である。陶製外筒に銅製経筒を入れているが、まず外筒の蓋裏に

諸行無常　是生滅法
生滅々已　寂滅為楽
永久二年甲子九月十日壬午
奉埋之尼法薬

の墨書があり、尼法薬の発願にかかる埋経なることを明らかにしている。その中に納まった鋳銅経筒は蓋の表面中央に左の鋳出銘を読むことができる。

天永四年癸巳
五月三日壬午
比丘尼法薬
奉書写之牟

天永四年（一一一三）の書写と永久二年（一一一四）の埋経はつづいている。この中にさらに漆塗の内容器《うち》があってつぎのような多くの経巻類が実存していた。

法華経（紺紙金字）　八巻
無量義経（〃）　一巻
観普賢経（〃）　一巻
般若心経・阿弥陀経（紺紙金字）　一巻
比丘尼法薬供養目録（紺紙銀字）　一巻
比丘尼法薬願文（紙本墨書）　一巻
金剛界・胎蔵界種子曼荼羅（絹本墨書）　二面
法華種子曼荼羅（絹本墨書）　一面
そのほか経巻の断簡など

といった大経塚資料の発掘ということになったのである。経筒（内外）の銘文に供養納入目録まで備わり、現在もその願文まで解読できる資料は近来の大発見といえる。

『法華経』は八巻とも紺紙金泥であったので完存し、標紙《ひょうし》、見返し絵、細紐まで完存している巻もある。見返しは金銀泥で法華経絵を示し、出土経巻としては現存最良の保存状態である。『供養目録』は全長六〇センチ余につぎのように誌されている。

奉造立
八寸不動尊像一躰、一搩手半如意輪観音像一躰
一搩手半阿弥陀三尊像各一躰、一尺六寸毗沙門像一躰
一搩手半愛染明王像一躰、三尺釈迦如来像一躰
三尺千手観音像一躰、三尺阿弥陀如来像一躰
一尺六寸地蔵菩薩像一躰、一尺六寸薬師如来像一躰
奉啚絵
一服如意輪観音像一鋪、三服釈迦如来像一鋪有十大弟子
一服七仏薬師像各一鋪、二服釈迦三尊像一鋪
二服六観音像一鋪、一服半弥勒菩薩像一鋪
一服虚空蔵菩薩像一鋪、一服不動尊像一鋪
両界曼荼羅各一鋪、妙法蓮華経十三部、三部書写十部模経

千手経三十三巻模経、五十日講演逆修
書写五部大乗経五箇日供要、阿弥陀護摩三七箇日
妙法蓮華経一千部　他人転読
修法華懺法百箇日　天永二年六月六日結願件日図法華曼陁羅
一鋪、書写法華経一部自
読、千部法華経結願畢

自転読千手経一万四百二十六巻
自転読如意輪経二万九千巻
自転読観世音経三千巻
如意輪大咒五十万遍　小咒二百万遍
毗沙門小咒　百万遍十度
阿弥陀念仏　百万遍十度
袈裟　四十五条
永久二年八月八日　　仏弟子比丘尼法薬

また法薬尼の『願文』はつぎのとおりである。全長一メートル三七センチにわたっている。

弟子比丘尼法薬懇丹一心啓白三
宝仏日円明之輝雖隠西頋之山法水
流布之浪猶留南浮之境滅罪修善
宜在斯時弟子已受女身雖懺業
因之至拙幸遇仏教叉知機縁之相
催是以落餝為尼染衣帰仏以出離解
脱之計為造次顛沛之望就中従少
壮時至衰暮刻愍（深）受苦之群類常動
利生之慈心彼胎夘湿化皆是弟子
所歴之生也魚虫禽獣豈非弟子所
受之身乎遈為父母親族代為朋
友知識多劫多生有恩有義爰因
縁和合之時暫成親愛之思妄想分
別之日還起残害之心断他命以養
我命傷他身以餝我身深着我執如忘
他苦生死無辺之海所以弥深分段五

濁之波因茲叵清輪廻無際職而斯由
援済之志寤寐無忘弟子往昔未有
此思有漏無数諸仏之引構今生始
発此願欲為六道衆生之依怙仍自
往年之比乎自転読千部法華経
至于結願之今又抽方寸之匪石抛
随分之浄財奉造立二尺普賢像奉
書写金字妙法蓮華経一部八巻無
量義観普賢阿弥陀般若心寿経各一
巻便調香花之妙供方設供養之
新儀以所生慧耒普及於一切令九
界会仏界令六道入仏道又以斯経
巻埋高野霊窟黄金為字依思其不
朽也赤銅為器依慕其不壊也為期弥
勒慈尊出世之時殊占弘法大師
入定之地而已仰願慈尊兼憐愍

斯願伏請大師常護持斯経必接其
三会之座席再開斯一乗之巻䌷《ママ》
弟子即宿住通憶念前身之
所作衆会皆作希有想随喜前仏
之所説願力不空唯仏知見敬白
　永久二年三月十五日　比丘尼法薬敬白

末行の「比丘法薬敬白」はその自筆とみられている。

法薬尼についてはその素姓を明らかにできないが、その経典の種類などからみておそらく天台系の教養を身につけ、天台風の埋経をあえて高野の御廟近辺に行なったものと推定される。願文の末尾の「比丘尼法薬敬白」七文字はその自署と考えられるものであるが、全文の筆跡もすばらしい藤原風の筆跡であり、相当な人の手に成ったものと考えられる。おそらく法薬尼も藤原氏あたりの出自、しかるべき地位にあった尼公と考えざるを得ない。とくに藤原時代の経塚遺物で願文をともなうものは、比叡山横川経塚（長元四年）における上東門院の発願文（仮名書願文）と京都市東山松原の沙弥西念の願文とが知られているくらいで類例はきわめて少ない。これより少し前、寛治五年（一〇九一）には白河上皇が奥の院へ法華経と理趣経を埋納されたと伝えるが、大体に埋経信仰のほとんどない真言系における発掘資料としては、そのすべてが高く評価されるべきであるが、これも御廟信仰の大きな発露だと解したい。

学侶と行人と聖方

学侶・行人　高野の一山大衆はこれを古く一〇世紀頃から学侶方《がくりょがた》と行人方《ぎょうにんがた》の二つに区別している。学侶はその字義のとおり事相と教相の教学の研究と法儀の伝統維持などを専らとするもので比叡山でいえば衆徒に該当するし、行人方は承仕《しょうじ》・夏衆《げしゅう》とも称し一山経営の実際面、香華・供米の割りふりからはじまって諸堂の管理、寺領荘園を守るためには武器を手にする必要もあった。のちには四度加行と灌頂をうけることを許されているが僧階は低い。比叡山でいう堂衆と山徒らに当るものである。学侶はある意味では常に優位に立ったが、実力はむしろ行人方にあるというのが実情であった。正保元年（一六四四）の記録では山中の坊は一八六五あり、そのうち学侶の住坊は二一〇、行人の住坊は一四四〇、聖の坊は一二〇、その他は客坊となっており、およその勢力を推察することが可能である。双方はやはり仲が悪く、時には双方が干戈《かんか》を交えるということもあり、宝徳二年（一四五〇）には天野社の造営にからんで事が生じた時など学侶方は山上から行人方を追い出し要塞を組んで対戦し、行人方は山外の徒党を集めて攻めよせ、双方一〇〇〇名をこえる討死を出すというような不祥事も起こしている。寛正五年（一四六四）にもふたたび行人方が規定を守らなかったことに端を発し、戦闘に及び山上子院の多くをみずからの手で焼亡するという不祥事が起っており、そうした歴史の故にかいまでも高野一山の子院は学侶方と行人方という根性があって、双方仲は決してよろしくないというのが現状である。

聖　方　学侶と行人のほかに、保元・平治の乱を高野山に避けた勝賢や明遍をもってその祖とする高野山の別所聖は、中世には聖方《ひじりかた》と呼ばれる多数の僧侶群となって来る。本来の聖は静寂の地に籠って浄土教的な信仰の色彩を帯びて修行する者であり、正統の学派学派からはいささか蔑視される集団であったことは比叡山においてもみられる現象であって、これを別所聖とか遁世聖などと呼んでいる。高野山における別所聖の嚆矢《こうし》は寛治七年（一〇九三）に没した教懐だとされている。彼は小田原谷に草庵を結んで常に弥陀真言を誦し、民衆の教化にも力をいれていたといわれている。一般に聖が仏教の民衆化、浄土信仰の普及につくした力は叡山、野山ともに小さなものではなかったのである。

高野聖も本来はそうした遁世の集団であったが、中世以降は弘法大師信仰の普及を目的として全国を勧進遊行《かんじんゆぎょう》する者が増加し、全国各地に布教し弘法大師信仰の昂揚と高野納骨信仰をひろく説いて廻国した。また次第に参詣者が増加すると登拝者のために宿坊を提供することもはじまり、伊勢信仰や熊野信仰における御師《おし》や先達《せんだつ》のごとき性格をもつに至った。しかし今日全国にひろく弘法大師信仰が普及し、また高野山に宿坊が数多く存在する陰の力は、一に高野聖方の活躍にもとづくものとしてその活躍は高野山としては多としなければならないものがある。しかし廻国巡礼とか六十六部といった名で呼ばれる中世末期の遊行僧は下級の民間宗教者として蔑視されたことも事実であり、また彼らものちには反物《たんもの》などの行商を兼ねて、笈に多くの商品を入れて立ち廻り、室町時代には「売子《まいす》」「商僧《あきないそう》」などともいわれる社会構成員となって宗教性を失ってくる。室町時代の『当代記』という書物には「昔より高野山聖、諸国へ下る時、我と宿取ることなし、路巷に於て宿かせ宿かせと呼ばる。心ある人は上下に寄らず宿をかす、若し宿なければそのまま路頭に明かす」とみえているのはよくその実態を述べつくしているといえる。中世の社寺参詣曼荼羅には修験者や熊野比丘尼などと並んで必ず一見それとわかる高野聖を描いており、その風俗も黒衣の法衣に大きな黒い笈を負うた姿が描かれているのをみる。

高野山上における聖方は、小田原別所・東別所・往生院別所などが成立すると山上における聖方の勢力も次第に大きなものとなり、学侶や行人とは異なる一派をなしていたことは、天正九年（一五八一）に織田信長が荒木村重の残党を匿《かく》まった咎《とが》で高野聖一三八三人（一説には五〇〇〇人）を斬罪に処しているし、徳川家康は天正十二年（一五八四）の小牧・長久手の役に当り、高野山金剛峰寺惣中に書状を送り高野山が家康に味方するならば、大和国に二万石を与え、従来どおり高野聖の廻国をも差し許す旨を申し送っているのをみても、高野聖はその当時の社会に一つの大きな勢力を有し、山内でも大きな勢力を占めていたことをよく物語るものである。

近世では西谷聖・萱堂聖・千手谷聖などの別があり。学侶・行人・聖方は高野一山を運営する主流の三派をなして互にその分限においてよくその信仰を支えてきた功労は多としなければならない。

交　衆　今日の高野山では若い学徒を交衆《きょうしゅう》と呼んでいるが、ほとんどが一山寺院の子弟たちである。交衆は黒い衣に白い袈裟、いちばん低い学侶の出発点である。そして一五歳で交衆になったものは一九年目に、一七歳で交衆になったものは一七年目、二一歳で交衆になったものは一三年目に、とにかく三四歳に達してはじめて一山住職たり得る入寺の資格が与えられるようになって、綾衣《あやころも》に黒い袈裟が着用できるようになる。これはいまもなかなか厳重な規制であって、これを十五掛交衆とか、十七掛交衆とか、廿一掛交衆などと呼んでいる。そして白袈裟から黒袈裟までの間に、下座《げざ》・昇口《しょうこう》・伴座・十人番・六供・三十人・三昧そして入寺という段階を経ることになっている。四〇歳になって阿闍梨の位をうけた者は壇場の御影堂内陣にも入る資格が与えられるので、はじめて御影堂の行法にも参加することができる。そして竪精の竪者や精者の役をつとめあげ、明神を祀り、内談議を勧学院でつとめてはじめて上綱《じょうごう》となり、上綱の中から法印が選ばれる。法印は寺務検校とも称し、一山総とりしまりで金剛峰寺に止住し、昔は一〇〇〇石の封禄がついていたという。法印は一山年中の主だった法会の導師をつとめる重要な役柄でもある。法印をつとめれば前官《ぜんかん》と呼ばれ山の長﨟《ちょうろう》として一切の役職は免ぜられることになる。耆宿《きしゅく》とも呼ばれる。上述した入寺からあと山籠・阿闍梨・既灌頂・読書・十聴衆・竪精・十二﨟左右学頭そして寺務検校・前官という次第である。

高野山寺の谷々と子院

二伽藍と十谷　比叡山に三塔十六谷があって一山の伽藍と山坊を構成しているごとく、高野山は壇場と奥院の二伽藍と子院の群集する十谷から成り立っている。壇場と奥院については別に詳しく述べたのでここでは十谷と子院について述べておくことにしたい。

いま山内には一二二院の子院があり、そのうち四五院は宿坊寺院として経営され、特異の仏都たる雰囲気をかもしいだしているわけだが、その確かな成立はよくわからない。いちばん古くは壇場伽藍地に営まれたいわゆる二十一間僧坊にはじまるが、これが退転ののちは伽藍の北側の中院（いまの龍光院のあたり）を中心として、東堂・西堂・北堂が設けられており、これが現在のような子院群に発展する端緒をなすものだと考えられている。とくに正暦の大火より一〇〇年後頃、その復興に際して京都より来往する貴顕の人も多くなり、その宿泊の必要から新しい住坊が建ちはじめている。こうした子院は住坊であるとともに持仏堂を重んじており、それぞれの念持仏を安置する持仏堂（あるいは仏間）の存在は、今日においても各子院それぞれに特色があり、また重要視されているゆえんである。以上の傾向は大体一二世紀頃からはじまっていると考えられる。

鎌倉時代に入ると武家社会との間で師檀の関係が結ばれるものも増加し、経済的な裏付けもあって

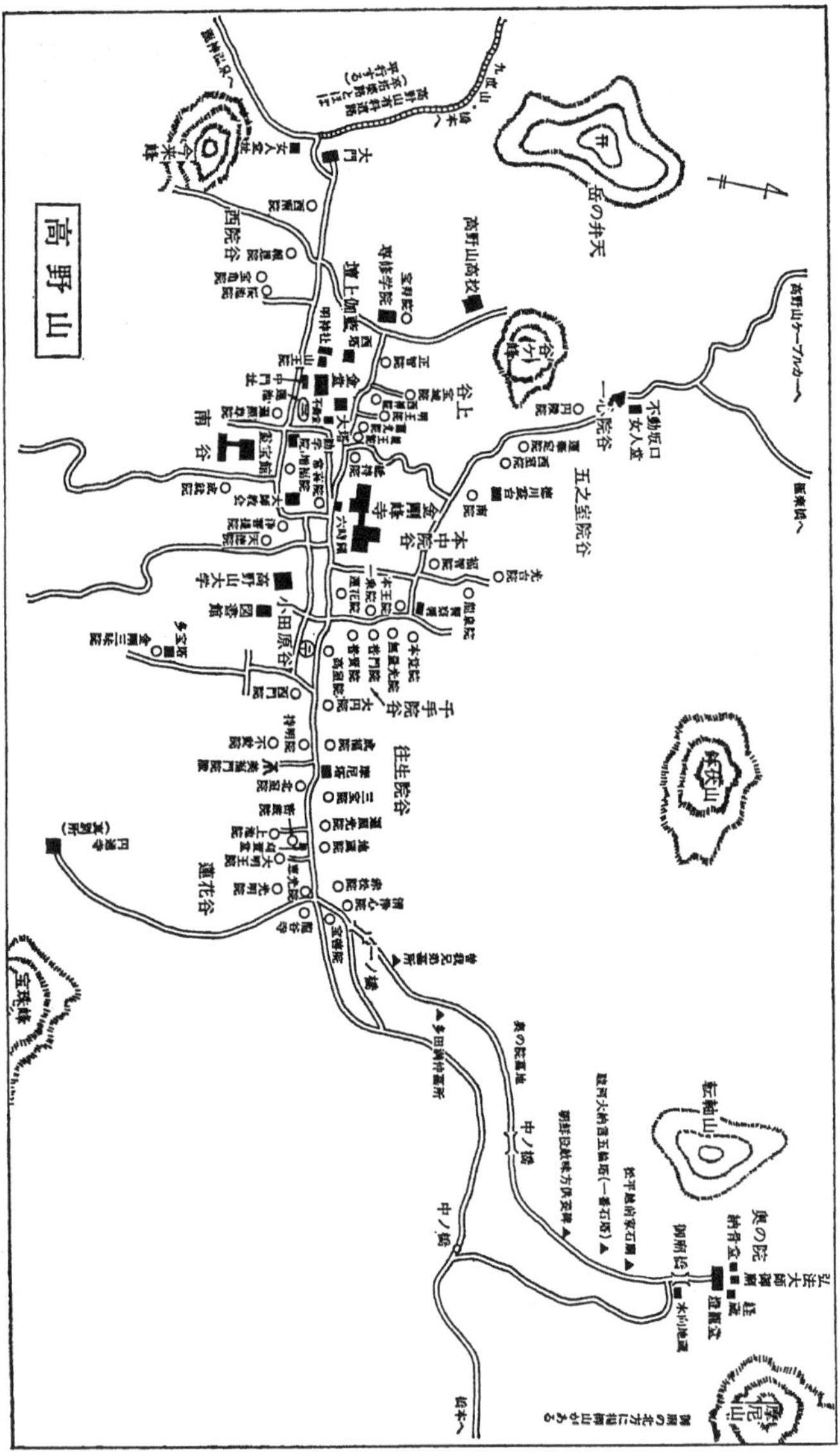
高野山

持仏堂や子院の改築が目立ち、次第にその数を増加するとともにその規模も大きくなりはじめてくる。たびたびの大火で焼亡しつつも伽藍とともに再興してきたのは、地方との檀契が固く大きいものであったことを物語っているし、高野山領の荘園経済が強固な基盤となっていたことにもとづいている。そうした形は近世における諸大名との関係にもひきつがれ現在の原型を形成するに至ったのである。それは奥院参道にある数多くの大名墓の存在をみれば、近世における高野信仰が上下をあげていかに大きく力強いものであったかを想わしめる。高野が宗派を超えて天下の霊場となったゆえんである。

子　院　子院の立地は伽藍（壇場）を中心にしてその北方の地域に当る中院（龍光院や親王院のあたり）をはじめとして、その西方の台地地域、伽藍南方の平地地域、大門と中門の間の参道沿い、そして次第に奥院（東方）のほうへも延びて行ったものと考えられている。

『紀伊国名所図会』には西院谷・南谷・谷上・本中院谷・一心院谷・五之室谷・千手院谷・小田原谷・往生院谷・蓮華谷の順に十谷が並び、その壮観も図示されているので、その記述に従って各谷を概観しその構成をみることとしたい。

西院谷　また愛宕谷ともいう。壇場より西にあるので西院谷と名づける。大体伽藍と現大門（開創当時の入口は、いまよりも下方の九折谷に鳥居が建っていたという）との間で比較的早くひらかれたところで、いまは町屋と子院があいつらなって並んでいる。延寿院・実相院・三光院・宝幢院・遍照心院など七六院の名がみえるが、現在は宿坊数軒で桜池院・善集院・西南院・報恩院・西門院・成慶院・

大楽院・五智院・宝亀院などがのこっている。なかでみるべきところは、大門から半町南側の西南院《さいなんいん》、ここには大元帥明王画像（重要文化財）・五大虚空蔵菩薩画像（重要文化財）などがあり、本堂には藤原時代の大日如来を安置している。桜池院はもと陽智院（養智院）とも称し、開基は覚法親王、後嵯峨院の御幸にはここを宿所とされ

桜咲く木の間もれ来る月影に心もすめる庭の池水

と詠ぜられ、この歌にちなんで院名が替ったのだと伝える。西院谷には大湯屋もあり、先徳の忌日には大衆・諸人にも沐浴させたというので一名を湯屋谷とも称している。

南　谷　西院谷につづくところで壇場の西南、往還に沿うている。谷の本堂を勧学院と称し金剛界の大日を本尊としている。いまの宝物館や大師教教会（宝性院址）のあるあたりも南谷である。名所図会には四三院の名をあげているが、いま主要なものは遍照尊院・増福院・釈迦文院、大乗院・浄菩提院・大徳院・常喜院・天徳院・成就院などをのこすのみである。

谷　上　谷ヶ峰とも称し内の八峰の一つにもとづく名前である。壇場の真北、いま高野山中学校のある地がその中心。名所図会には六〇ヶ院の名をつらねているが、いまは宝寿院をはじめとして正智院・一禅院・宝城院・明王院などをのこしている。谷上の西端にある宝寿院には専修道場があって一山の若い僧侶たちは高野山大学等を出てからここで密教の事相についてのきびしい修行をさせられる。ここに所有する渡海文殊の画像は鎌倉時代の名品である。

また正智院の本尊は重要文化財の不動明王座像である。いわゆる赤不動の類に属するもので、檜の一木造《いちぼく》り一〇世紀の作品とされている。谷上《たにがみ》からは岳《だけ》の弁天に登る参道もあり、岳の弁天は谷上の所属とされている。ここに登ると高野の伽藍地は眼下に一望できる場所である（大門の傍からも登ることができる）。

本中院谷　壇場から東北一帯、いまの金剛峰寺の西までをいう。空海が最初の所住をされた中院のあったところであるからこうした名称がある。いまの龍光院をもってその中院址に当てている。瑜祇《ゆぎ》塔・六時鐘・蛇原《じゃばら》などは大体この谷に属している。東南院・大乗院・正覚院・総持院・親王院・乗蔵院・相応院・龍光院・明王院・遍明院・瑞泉院・宝蓮院・中蔵院の一三院であるが、いずれも場所がらその格式は高い寺々である。

遠くからみえる瑜祇塔は伽藍に対してこの谷の北の丘（獅子ヶ岳）に建っている珍しい宝塔である。金剛峰楼閣瑜祇塔と称し、大塔に対して小塔ともいう。はじめ真然和尚の建立とするところ、いまのものは近代の再建である。龍光院に属しているが一山の伽藍に準ずるものともいえる。またこの谷の興山寺には背後の山上に東照宮が勧請されている。

龍光院には特に大師に関する宝物が多いわけだが、中でも屛風本尊（別項で記述）と船中湧現観音像（国宝）は有名である。

これも別項で述べる赤不動尊画像はこの谷の明王院の所有に属している名品である。

総持院の南側、道を隔てた木立の中には弘法大師の直弟子だった智泉の御廟がある。智泉は高野草創の折に伽藍の造営に尽力した人だが若死にをしてしまった。

一心院谷　現在のケーブルカーから来る登山口（女人堂）あたりから五之室谷につづくあたりで、壇場からは北方に当っている。心字池があって一心院と呼ぶ子院があったのでこの名がある。名所図会に二一坊の名がみえている。西室院の前に一基の多宝塔があり、一字金輪仏を祀って金輪塔とも呼んでいる。寛治年中に明算大徳が遷化《せんげ》したとき遺骨を塔下に納めたのでまたの名を菩薩院とも呼んでいる。いま蓮華定院・西室院・五坊寂静院・巴陵院・康徳院などがある。

五之室谷　一心院谷につづいて六七町のあたり、昔室の字のつく五院があったのでこの名が生じたという説と、興台院に御室道助法親王建立の五つの庵室があったのでこの名が生じたともいう。名所図会には四十ヶ院の名がつらなり子院の一中心を形成している。東照宮を祀る大徳院や波切不動尊で有名な南院などみなこの谷に所属している。この谷では弘法大師の画像（重文）を所有する龍泉院をはじめ、光台院・西室院・福智院・蓮華定院などの宿坊寺院をのこしている。南院の左側から裏のほうへ廻ると徳川家の御霊屋《おたまや》（霊台）がある。二棟のうち向かって右が東照宮、左は秀忠の御霊屋である。ともに三間四方・宝形造りの徳川時代霊廟建築であり、ともに重要文化財となっている。三代将軍家光の建立で寛永二十年の完成という。内部は公開されていないが東照宮同様に極彩色、金碧《こんぺき》障屏画《しょうへいが》のけんらん豪華は目をうばう華麗さである。現在は大徳院の手をはなれて金剛峰寺の管理下にある。

近世復興には徳川氏の援助が大きかったことは比叡山も同様である。比叡山にも天海僧正が勧請した東照宮は山麓坂本にあり、権現造りのきらびやかな建物はすべてが重要文化財に指定されている。

千手院谷　壇場の東四町ほどをいう。壇場の鬼門に当るというので千手観音（脇侍に不動・毘沙門）を祀るので千手院谷とも呼ばれる。いまも千手院橋の地名がある。名所図会には道路の右側に十二院を、左側に三十五院の名をのこしているが、いまは本覚院・本王院・一乗院・無量光院・普門院・普賢院などの十ヶ坊ほどをのこすのみである。

普門院の庭園は名勝に指定され、天徳院の庭とともに小堀遠州の作庭とされる池泉園遊式の庭園である。別項の美術の章で述べる枕本尊（国宝）は普門院の所有である。

普門院の隣りの普賢院には江戸時代（寛永年間）の唐破風造り四脚門（重要文化財）が建っている。その複雑な屋根組は東照宮を思わせる重厚さである。またこのあたり土塀に沿うて二階を造り、江戸時代の武家屋敷の会下《えか》と呼ばれる特異の宿坊風景をみせてくれる。

小田原谷　金剛峰寺から奥院へすすむ東方の地からその南方にかけて、名所図会には「坊舎百十八箇院」とあり、子院の中心街を形成している。昔山城国久世郡小田原の僧教懐が住んでいたので彼を小田原上人と呼んだ。小田原谷の名称のゆえんである。すこし奥まって宝物の多い金剛三昧院をはじめ蓮華院・高室院・安養院・西南院など八ヶ院ほどしかのこっていない。青巌寺や円山弁財天、弥勒堂などがある。金剛三昧院の多宝塔は鎌倉時代の建築で高野山中ではいちばん美しい建物だと思う。経蔵とともに国宝に指定されている。多宝塔は北条政子の発願にかかり、金剛三昧院の名も政子の命名だとされる。貞応二年（一二二三）の完成で、内部には大日如来を中心とする金剛界の五仏を祀っている。中尊は八三センチ、他の四仏は五〇センチほどの小像である。このあたり中世に繁栄した土地でいまも高野山中ではいちばん幽邃な環境で、同院の経蔵の前には巨大な六本杉が有名である。また小田原谷から湯屋谷の奥に大滝口から高野に入る轆轤峠があり、熊野街道につづくところだがこの峠からは伽藍が眼下に一望されるので、昔は大滝口の女人堂がここにあった。

往生院谷　大円院のあたりから萱堂《かやどう》のあたりまでで、名所図会には「坊舎五十七箇院」と書いている。つぎに述べる蓮華谷と合併されていた時期もあったが、鎌倉時代には分離している。昔往生院と呼ぶ院があったのでかく呼ばれている。宝物の多い遍照光院をはじめ大円院・持明院・不動院・成福院・三宝院・北室院・地蔵院・上池院・密厳院などがのこっている。北室院は昔、壇場の北に中室・南室・北室の三室がはじめてできたという初期の院坊の法統をついでいるところである。この谷の菩提心院には美福門院の陵墓がある。持明院には浅井長政とお市の方の肖像画があるが、ともに桃山時代の製作にかかる名画である。これは遍照光院にのこる池大雅《いけのたいが》の襖絵とともに密教美術をはなれた高野の名品といえる。この谷の東端に苅萱道心《かるかや》と石童丸《いしどうまる》で有名な苅萱堂がある。

蓮華谷　往生院から東につらなるところで奥の院の浄域入口に達している。名所図会には「坊舎六十二箇院」とみえる。廿日大師・阿字観堂・丈六堂・五大尊堂などがあったといい、真別所の円通寺もこの谷にふくまれる。いま大明王院・光明院・恵光院・熊谷寺・赤松院・宝善院・清浄心院などがあり、清浄心院のあたりを清浄心院谷とも呼んでいる。円通寺は律院で古くから「別所の聖《ひじり》」の籠ったところで、一キロの奥で一山の院坊とは別扱いとなってきたところ。比叡山でも横川山麓の地に別所安楽谷があり、ここを別所の聖どころとしていることと同じである。

『紀伊国名所図会』巻六には別所円通寺についてとくに詳しく述べているのでここに引用しておく。

別所円通寺　往生院谷の南八丁許《ばかり》、深林中にあり。霊岳山律蔵院といふ。本尊釈迦如来・虚空蔵菩薩　二尊ともに深慶師終身所帰の尊像なり。　地蔵尊　世に火焼の地蔵尊といふ。事寺記につばらなり。　昔智泉大徳はじめて此処に住す。抑《そも〳〵》この地は、万樹翠を凝して一鳥鳴かず、清渓珠を吐いて流雲幕を垂る。定侶禅客《じようりよぜんかく》の宜しく棲遅《せいち》すべき所、幽地中の幽地といふべし。大徳奄化《えんげ》の後漸《ようやく》荒蕪せしに、中頃俊乗坊重源師あり。〔東鑑〕に所謂重源逐電《ちようげんちくでん》して高野にありとは此処なるべし。長明が〔発心集《ほつしんしゆう》〕に、斎所権助成清《さいしよごんのすけなりきよ》が子、親にはかくともいはで遁世しけるを、重源上人ありがたく尊くおぼし召されて、高野に新別所といふ所あり、我住ける処なり、不断念仏を唱へて、一辺に往生極楽をねがふより外、他の営なし、早く彼衆に連り、念仏の功つもれよといさめられ、高野へ登りける云々。後山口重政といふ者あり。少《わか》かりしとき、神君に奉仕し、後祝髪して深慶といふ。本院の荒廃せるを見て、大に悲願を発し、堂宇こと〴〵く維新し、神君の厳像および歴代の尊牌を安置し、冥福を祈誓したてまつる。且中蔵院主良永俊賢師を請じて中興とす。俊師はじめて律家《りつけ》の法幢を建てて淵博《えんばく》なり。その後密門師また事教《じきよう》に達す。曾て芸州福王子主法忍師と約して、開祖表制の請来三学《しようらいさんがく》の二録等によりて、専《もはら》有部律《うぶりつ》を興起し、ひとり真言宗の僧のみ持する処の律と定む。爾来本院及福王寺をもつて、有部律一家の本山と称す。其徳行しるべし。

右院々年中の勤行《ごんぎよう》いと多き中に、光明真言土砂加持といふ事あり。抑〔不空羂索経《ふくうけんさくきよう》〕に説き給ふ所の大灌頂光明真言は、大毘盧遮那如来と無量寿如来との両軀の如来の心中の神呪《しんじゆ》なり。一遍誦《じゆ》すれば、百億無量の法門を誦し畢るよりも最勝なりと、〔光明真言経〕に説けり。また光明持念の行者は、命終《みようじゆう》の時に臨みて、弥陀如来 自《みずから》荷負《かふ》して、極楽へ引導し給ふといひ、又死者の為に此真言一遍を誦せば、必《かならず》無量寿如来死者の為に手を授けて、極楽浄土に引導し給ふとあり、猶十遍二十遍、或は千遍万遍に至りては、其功徳の大かたならざる事、諸経に見えたり。道綽禅師《どうしやくぜんじ》〔安楽集〕に、此真言を以て土砂を加持する事一百八遍して、屍陀林《しだりん》の中にして、亡者の死骸の上に散じ、或は墓の上塔の上に散じ、隅毎《すみごと》に皆是を散ず云々。土砂はこれ光明の全体なるが故に、照触《しようぞく》する所は利益難思《りやくなんし》にして、其功徳実に空しからず。されば真言一家《け》には、院々累代先師の追福は更なり、信心の道俗男女、十方の檀越《だんおつ》、過去の霊魂追資の為に、土砂加持の法筵を営まんことを願ふ時は、道場を厳飾《ごんじき》し、二十五人の衆僧を請じて、一日六座勤行をなす。是を大光明真言土砂加持と云ふ。

弘法大師の十六弟子の一人、智泉大徳によってひらかれ、中世に俊乗坊重源によって中興して今日に至っている。数年前に私がここを訪れた時、誰一人通らぬ山径の小枝に「ここから奥は修行の地、御用のない方はなるべく立ち入らないで下さい」と書いた木札がぶらさがっていた。真別所はいまもそういう浮世はなれた修行の聖地なのである。

高野山寺の美術

真言密教は大日如来を中心の存在、絶対の存在としてすべてのほとけたちをこれに統一する世界として考えるもので、その造形表現も、すべてが両界の曼荼羅に帰することとなってくる。だから密教美術はその素材源というか取材の源泉はそのすべてが、両界まんだらから出て両界まんだらに帰するものだといい得る。

密教の教理体系は本来、『大日経』と『金剛頂経』を中心とするものであるが、日本ではこれに弘法大師の思想による日本的な密教の展開があとづけられてくる。すでに奈良時代にも一部の密教が日本にきていたことは、当時の造像に十一面観音や九面観音や不空羂索観音や馬頭観音などが小像ながら伝来していたことによっても推定し得られる。

しかし空海以後の本格的な密教にもとづく造像で今日にのこる代表的なものは、東寺講堂の諸像や神護寺の五大虚空蔵のごとき、いずれも空海の直接いきのかかったものにはじまり、観心寺の如意輪観音像などに至ってこの時代の密教様式といったものの頂点に達したといえよう。

文化財の管理　天台美術といった場合にはその特色あるものとしてはおもに顕教系の美術をさすが、真言美術といった場合には密教系の美術をさすこととなる。天台美術の本家本元である比叡山はしかしたびたびの火災によって多くの美術品が失われ、建築のほとんどすべては近世のものだし、彫刻などもも他山から移入したもののほかはすべてが近世の作品ばかりである。これに対して高野山は、伽藍こそたびたび火災を発しているが、全山的には罹災していないので、今日にのこる寺宝も数多い。いま金剛峰寺をはじめ一山子院等の名義で所有する美術工芸品のうち国宝・重文クラスのものをあげると、金剛峰寺名義のものが絵画一〇件（一二点）、彫刻が一六件（三一点）、工芸品は一五件（二二点）、書蹟は一五件（一万七九〇二点）。これはおおよその数値である書蹟において特別に員数が多いのは経巻類が数千巻で一件というような指定をうけているものがあるからである。

そして一山子院のものや共同所有になっているものは、絵画・彫刻・工芸・書蹟などをあわせて一〇八件（およそ三〇〇点）にのぼっている。この厖大な文化財の維持管理に高野山では早くから全山が加盟する管理団体を作って保存と活用の安全を期している。財団法人高野山文化財保存会である。大収蔵庫や霊宝館を建てて保存と活用の運営をしているのもこの団体の手で行なわれている。百数十ヶ寺をこえる高野山上の本坊や子院、指定された文化財の数量もさることながら、奈良時代から近世に至るまで、また日本のほかに中国製のものなど未指定品にまで及べば、大変な数量であってまさに文化財の宝庫だといえる。

治安三年（一〇二三）の秋、藤原道長が登拝して、みずから書写した金字法華経と墨書の理趣経を奥院に納めたと伝えられているが、この頃の高野山は正暦五年（九九四）夏の大火による一山焼亡がまだ回復していない荒廃の時期であった。伝説によると道長は夢に高野の霊山なることを知り、みずから登拝の挙に及んだのだといわれているが、これが一山復興の大きな足がかりとなり、永承三年（一〇四八）には藤原頼通も登山して、道長にならって奥の院に埋経を行なっている。こうしたことがきっかけとなって高野御室の覚行法親王・白河上皇・鳥羽上皇などのたびたびの登拝もあって復興にともなう法儀や図像の製作等のことも行なわれてきた。美福門院がいわゆる荒川経を施入されたのもこの頃の出来ごとであった。

大師将来の秘宝　大師の将来目録に記載されている品々でいまも山上に伝わるものとしては、木造諸尊仏龕一基が知られている。これは日本にはない白檀の材二片を蝶番《ちようつがい》でつなぎ扉形に開閉できる構造になるもので世に枕本尊ともいっている。将来目録によると金剛智阿闍梨がインドから中国へもたらし、不空三蔵に伝わり、不空から恵果阿闍梨の念持仏となり、恵果から大師に伝授されたものであるというから、まさに密教の伝来系譜とともにその伝来系路をたどってきた名実ともに三国伝来の秘宝だといえるものである。中央に釈尊をめぐる菩薩や比丘などの十体をきざみ、左右には観音と弥勒を中心とした六体宛の像を配し、下方に仁王尊・獅子・人物像などを刻んだ精緻な作品である。全体に仏龕の趣をもつ構成であり、五世紀頃のインドグプタ朝の木彫とすれば、さすがに三国伝来の山の文化財であり、将来目録に記載されるとおりに一千年余を伝来してきたものでただに高野山のみならず密教文化財中の秘宝というべきものであろう。比叡山にも上述したごとく、『伝教大師将来目録』記載の品が若干伝存していることとあわせてまことに驚くべき宗教の力だといえよう。

これとよく似たものに屏風本尊六面がある。やはりその作風と材質からして大師の将来品であろう。六枚の板に縁どりをして、その中に浮彫りの仏像を各面に四体ないし六体ほどとりつけており、六面は革紐で屏風のごとくにつらなって展開することができる。高さ一メートル三〇センチ各面の幅七〇センチ。胎の五仏と阿弥陀・四菩薩を中心におき、その左右に観音の群一面ずつ、ほかに四天王の群一面、そして梵天帝釈と仁王像四体の群一面をつないでいるもので、いまは龍光院の所蔵となっている。

当然のことながら密教の壇具や法具は多い。中でも大師が中国から日本へ投げたという飛行の三鈷杵も国宝だし、五鈷鈴二個、独鈷鈴一個、五鈷杵一本、三鈷杵二本、独鈷杵二本の八点セットの金銅仏具(国宝)は、円行が入唐求法の折に持ち帰ったものとされ、やはり恵果先師の愛用の法具であったとされている。

大正十五年の金堂の火災で焼失してしまったけれど、金堂安置の六体は創建当時のものとされていた。普賢延命・不動明王・金剛薩埵・金剛王・降三世明王・虚空蔵の六尊、まことに惜しみても余りあることだと思う。西塔本尊の金剛界大日如来はそうした初期像の影響をうけて大陸的な雰囲気をもっているが、焼失した五尊に比較すればずっと日本的な像容となっている。

いま南院に安置される波切不動明王は、像高三メートル、寺伝によると大師が中国でみずから彫刻し、恵果の手によって開眼されたものだという。帰朝の船中ではもっぱら航海の安全を祈り、波切不動と称せられるゆえんである。帰朝後は高雄の神護寺に安置されたが、貞観十八年（八七六）に上醍醐に移され、永延年中に一時は熱田の神宮寺にあったこともあるという。延久二年（一〇七〇）五月、後三条天皇の肝入《きもい》りでふたたび高野にもどったが、その時に剣だけは熱田にのこし、天皇勅作の竹剣を作って持たしめられて今日に至ったと伝えている。高野山では常に山王院におかれていたがのち南院に移されている。しかし毎年の山王院竪義の折には南院から山王院へまた勧請し、その宝前で論議が行なわれること今日に至っても変わってはいない。渦巻く波に擬した台座に立つ一木彫成の像、山上には数少ない貞観彫刻の一つである。

空海が在唐の時、恵果から直接に伝受相伝した密教の儀軌や法文など百四十余種を細かな文字で三〇冊のいわばノートに書きつけた備忘録を『三十帖策子《さつし》』（冊子）と呼んでいる。密教伝承の上では最高の典籍なのだけれど、いまは京都の仁和寺に所蔵されている。はじめ東寺の宝蔵に納まり、のち高野山にあったが、東寺から返却を求められ、高野はこの秘宝を絶対に渡さじとして争乱を起こしたこともあった。どういういきさつかいまは仁和寺におさまっているが、やはり高野山にあって欲しい文化財の一つである。これらは東寺に伝わる『風信帖』、神護寺にある『灌頂暦名』、醍醐寺の『大日経開題』、竹生島宝厳寺の『伝教大師請来目録』、そして高野山の『聾瞽《ろうこ》指帰』（『三教指帰』）などとともに、大師の筆蹟を伝える貴重な遺宝である。山上にはこのほか金剛峰寺の『即身義一巻』（重文）、宝亀院の『崔子王座右銘断簡一幅』（重文）、釈迦文院の『益田池碑銘并序一巻』（重文）などいずれも大師の筆蹟としているものは多い。

絵画の名品　藤原時代の高野山復興にともなう現存の絵画としては、明王院所有の『赤不動尊画像』をまずあげなければならない。京都の青蓮院の『青不動明王画像』、大津の園城寺《おんじようじ》の『黄不動尊画像』（ともに天台系）とあわせて天下の三大不動明王とされる三色明王の一つで、いうまでもない密教美術の粋である。所伝では弘法大師の母方阿刀家に伝わったものを後醍醐天皇が召し上げて念持仏とされていたともいう。画面の大半を占める岩上に右足を踏み下して坐す。後方には画面の上部全体を蔽うがごとくに火焔が描かれている。左の岩側に二童子は重なるように立っている。倶利加羅龍の剣を右手に、左手はやや高めに羂索を握っている雄偉な姿態である。ものすごい炎のもえさかる音がごうごうと風をまいて聞こえてくるような名画である。藤原初期の作品で毎年一度だけ開扉して礼拝が許されている。

高野山には名画が多い。金剛峰寺所有の『仏涅槃図』（国宝）もその随一である。絹本着色、竪八メートルを超え、幅は九メートルの大画面。画面の右下に「応徳三年丙寅四月七日甲午奉写畢」と誌される。一〇八六年にあたる。藤原時代半ば頃の製作である。前述したごとく高野一山が復興に向かっていた最盛期のものである。横臥する釈尊を中心として左方には菩薩の一群、後方には羅漢の一群が居並び、冠を着けた長者をはじめ動物たちもすべて集まり、皆それぞれになげき悲しみに沈んでいる状況である。佐和隆研さんはこの画面を

> それはこの世に生を受けたもの悉くが、釈尊の入滅を悲しむことを描写しようとしたもので、釈尊入滅による寂寞とした暗黒の世界の大いなる悲劇を描いているのである。その悲しみの描写は死の瞬間の悲しみではなく、その瞬間の後に連続し、持続する悲しみの表現をなして居ることが知られるのである。釈尊の頭の辺に頬杖をついて空ろな眼を開いてあらぬ方角を眺めている慈氏菩薩の姿、沙羅樹の蔭に放心した如き文珠大聖、堪えられぬ悲しみの表情を蔽わんとするが如く眼を閉して顔をうつむける普賢大士、また全身をもって悲しみと戦って居る羅漢等の姿にそのことが感じられるのである。
>
> 釈尊入滅のことを聞いて忉利天《とうりてん》上より降り来った仏母摩耶夫人の沈痛な姿も右上にみられる。これ等は悲しみに沈む様々の姿を美しく描いているもので、而もその悲しみの捉え方に於て、観念的なる藤原時代人の性格がそのままに受け取られるものである。（同氏著『高野山』）

と述べておられる。彩色があでやかで華やか。いうなればそこには涅槃美の世界がみうけられる名画

である。

高野山の数多い名画で私の好きな一幅は『善女龍王図』である。この絵については前にも一寸ふれたが、私はこの画に流れる神秘感が好きなのである。

善女龍王は弘法大師が天長元年（八二四）に京都の神泉苑で祈雨の修法を行なった時にはじめて出現したという龍神である。この図は山上伽藍の池中に出現した時の姿を定智に描かしめたものだという。裏書に「金堂善女龍王像、加修補奉掛仏台畢、久安元年十月廿三日、奉開眼供養之、権律師琳賢、図画三井法輪院末流師君定智、正平十五年七月日記之」とあり、久安元年（一一四五）という製作年時と定智という筆者をも明らかにしている。宝冠をいただき、唐風の衣裳を著け、まき起こる雲中にある姿、男神の形相であるが善女龍王と呼んでいる。裾の後方からちらりと小さな龍尾をみせているところ、いま池中から出現したというか、いま蛇体から人体に化現《けげん》したというか、生々しいものを感じさせて異様ですらある。うっかりしているとこの龍尾をみおとしてしまうから注意してほしい。

『阿弥陀二十五菩薩来迎図』は中央の大幅と左右の小幅とから成っている。竪約七メートル、幅は一メートルを一寸超える大きなものである。日本の来迎芸術としては唯一最高とされるものであり、平素霊宝館の正面に掛っているのは摸本、ほんものは年に一回くらいしか陳列されない。しかしこの絵は歴史的にいうと高野山のものではない。元亀兵乱の際に比叡山麓の飯室谷から山外に出たものだが、のち縁あって高野山に納まったもの、だから歴史的には比叡山横川《よかわ》系の浄土信仰画ということになる。この書物で比叡山に生まれた壮大な浄土教芸術の代表的な作品について高野山の項で述べなければならないのも皮肉な運命ではあるが、このクラスの仏画がどれだけ元亀兵乱の際に比叡山で失われたことかと想うと、もしも比叡山芸術の全貌がのこってあれば、日本の美術史はとにかくも書き換えられていなければならなかったとさえ想うのである。

中央にかかる大幅の真中に阿弥陀如来、その前方左右には、にこやかな観音と勢至が跪座し、歌舞菩薩をともなう一群に白雲に乗じていま静かに寂光浄土の世界から現世にたちあらわれてくるところである。うすく流れる雲、たなびく瓔珞《ようらく》のかすかなひびきも聞えてくるような気がする。この絵を所有するのは高野山でも巡寺《じゅんじ》八幡講《はちまんこう》という八幡神を礼拝するグループ寺院の共有となっている。この巡寺八幡講についてはすでに説明したが一八ヶ寺からなるグループで、一年単位で八幡信仰の神宝唐櫃が廻ってくるが、昔はこれに立派な八幡さんの画像が付随しており、当番の寺では斎戒沐浴してこれを祀り、一年間は潔斎してこれを守ることになっているという寺院集団である。いまもこの信仰は伝承されつづけている。

同じ巡寺八幡講所有の『五大力吼菩薩画像』（国宝）も名品である。『仁王護国般若波羅蜜経』の経義によって描かれたもので五幅を完存していたのだが、現在は『金剛吼菩薩』『龍王吼菩薩』『無畏十力吼菩薩』の三幅しかのこっていない。このほかに無量力吼菩薩と雷電吼菩薩があって五幅一連であったが明治年間の火災で焼失したという。もともと東寺にあったのを木食応其が高野山に移したものである。いずれもその名のごとく憤怒《ふんぬ》の形相いかめしいもので、蜜教芸術独特の表現であるが、図像的にみて大陸直伝、日本的なものではない。貞観時代の作品で、仁王経法を行なう際の本尊として使用せられてきたものである。

密教美術の根本が両界曼荼羅であるから、各時代にわたる多くの両界曼荼羅が山上に多いことはいうまでもない。しかし一幅の絵として描かれる両界曼荼羅は極めて少ない。高野山にあるのは平安時代後期の作で、平清盛が保元元年に高野大塔再興の奉行をしていた時に、絵師常明法師に描かせたものである。中尊大日如来の朱色には清盛が自分の頭血を混じえて彩色させたと伝えるのでこれを清盛の血曼荼羅と呼んでいる。後世の補修も加わっているが藤原時代の画風は充分にみとめられるもので、唐破風厨子に納まっている。

おなじ頃の製作にかかるものでは龍光院所蔵の『船中湧現観音像』がある。憤怒の相をして右手に蓮花を持ち、雲上の礼盤に立つ姿がうかび上がっている。寺伝では空海が帰朝の折、海上安全を護るために出現した姿だとしているが、憤怒相の観音菩薩は珍しい。しかし古い図像抄では智証大師の将来としており、その辺はいずれとも決しがたい。肉身は黄色、衣には全体に切金《きりがね》（截金ともかく）をおき藤原時代の初期のものとされている。

中世の美術　鎌倉時代に入ると高野山にも他力本願の浄土教的な影響が多少は現われてくる。阿弥陀信仰をもって結ばれた念仏行者一派の人たち、新別所をひらき、二十五三昧結衆《けっしゅう》などと称せられて浄土信仰的な他力本願の思想を持ちこんでくる。すでに前時代の終わり頃から北谷に阿弥陀堂が建ち、大治五年（一一三〇）には引摂院《いんじょういん》が建立されて阿弥陀如来が安置されるなどその傾向はあったが、この時代に入ると多くの念仏行者が高野山にも入ってくる。彼らは別所谷に集まりいまの新別所円通寺の基礎もこの頃になされているようである。仏師安阿弥快慶らの阿弥陀如来の作品もいくつかのこっているのはその故であるし、のち全国を行脚してひろく高野山信仰を全国に普及したいわゆる高野聖たちの勢力も、そうしたグループから生まれた現象である。しかし、結果として奥の院が宗派を超えた信仰をあつめ、やがて諸国大名の豪華な信仰の力を移植せしめた功績は決して小さなものではなかった。

遍照光院の阿弥陀如来立像、光台院の阿弥陀三尊像、寂静院の阿弥陀三尊立像、清浄心院の阿弥陀如来立像といった国宝彫刻をはじめ絵画にも阿弥陀如来の画像は多いし、また地蔵菩薩の彫像や画像も少なくはない。みな上記のような他力本願的な思想の影響によるものであろう。

遍照光院の阿弥陀如来立像はもと三尊形式であったもの。この寺は法然・重源・快慶らと親交のあった明遍の開基にかかり、明遍が弥陀の名号をとなえて行道《ぎょうどう》する時、この三尊もともに堂内を行道したという伝称すらのこっている。快慶の作とされている、光台院の弥陀は足柄《ほぞ》に「巧匠法眼快慶」とあり、快慶晩年の作とされている。

とくに行勝上人が建立した壇場の不動堂には、本尊の不動尊をめぐって八大童子の立像群が安置されていた（いまは宝物館）。矜羯羅童子・制多迦童子・恵喜童子・恵光童子・烏倶婆誐童子・清浄比丘の六体はみな運慶の作品としてたくましい量感と写実味をもつ名作である。指徳童子と阿耨達童子の二体は近世の後補である。

鎌倉時代の高野山美術で金剛三昧院の多宝塔とその安置仏はすばらしい文化財である。貞応二年（一二二三）、鎌倉幕府の勢力者尼政子の発願にかかるもので、いまの高野山中ではいちばん美しい建物であろう。頼朝と政子は近江の石山寺にも日本一といわれる多宝塔（国宝）を寄進しているので同じ工匠の手にかかるものかとも思われる。内部の表飾や図像もよく保存され、四天柱には月輪《がちりん》内に住する菩薩像を描いている。塔の本尊は金剛界の五仏で、本尊大日の胎内には頼朝の遺髪が納まっているという。金剛三昧院には同じ多宝塔がもう一基あって胎蔵界五仏を祀っていたというから、双方ともに政子の寄進と考えてよかろう。

書蹟の美　中世高野山に関する内外の古文書を集成したものを『宝簡集』と呼んでいる。『宝簡集』五四巻、『続宝簡集』五八巻と一四冊、『又続《ゆうぞく》宝簡集』一一三巻と三〇冊、その内容は数千点に及ぶ古文書《こもんじょ》や古記録を集成したもので一括して国宝に指定されている。有名な「後白河法皇御手印起請文」も『宝簡集』の中の一通である。仁安四年（一一六九）三月に奥の院に登拝されて法要を行ない、還御の後に落飾《らくしょく》されるが、高野大塔で長日不断の両界曼荼羅供養をすることを起請された文書で、みずからの御手印が生々しく押印されている。中世の古文書では社寺に立願をささげる際にしばしば手印（手の型）を加えられたものをみるが、願意のほどの高く固いことを神仏に誓約する際にとられる手法である。

一山にはまた多くの経典が存在するし、そのうちで国宝や重文に指定されているものも少なくはない。その中でも著名なものが上述した『荒川経』三五六一巻である。美福門院は平治元年（一一五九）に鳥羽法皇の御追福のために一切経を書写し、これに経所の料として荒川庄を添えて寄進されている。美福門院は藤原長実の娘、鳥羽天皇の皇后であり、近衛天皇の御母であり、院政の真唯中を生きてきた女性であるだけに、この御寄進には多くの喜悲の想いが託されていたものと考えられる。今も経は六角形円堂式の経蔵に納められている。

『秀衡経』と通常呼ばれている紺紙金銀字一切経三九八二巻が高野山にもある。もと中尊寺にあったものを豊臣秀次が高野に移し、木食応其上人のために寄進したもので、中尊寺にはいま一六巻を余すのみである。いわゆる金銀交ぜ書きで銀界線を引き一行ごとに金と銀で交ぜ書きしている。高野山文化というよりも中尊寺文化の移植である。木食応其上人と豊臣氏との関係は深い。かつて秀吉が根来寺を攻略しようとした時に和議のあっせんを行ない、その縁故で秀吉の深い信頼を得、この前後の高野山復興にはその努力によって秀吉の大きな援助を得ているので、秀次による秀衡経の寄進もそうしたあたりに移送されたゆえんを求め得られる。木食とは木の実や草の実を食べて修行する一派で、いわゆる木食戒律というものを守る僧侶である。高野山系に多くの修業者があった。応其もそうした修行者出身の一人として弘く活躍した人である。

このほか『宋版一切経』が三七四四巻、『高麗版一切経』が六六八一巻、これは奥の院の経蔵に納められている。

高野板　純粋に美術とはいえないが高野山における宗教文化的な活動の一つに高野板《ばん》の印行《いんこう》があるのでここに述べておきたい。すでに大師在世中に牛王宝印《ごおうほういん》や不動明王像などが摺《す》られていたというが、直接には春日板などの影響をうけて建長五年（一二五三）に快賢阿闍梨によって『三教指帰《さんごうしいき》』が開板されたことをもっていわゆる高野板のはじまりとされている。これにつづいて鎌倉時代には多くの開板が行なわれるが、密部の経論三十六部、顕教関係の書物六部などが今日知られている。古いものは厚手の鳥の子紙を用いて表裏に印刷し、装丁はおおむね粘葉《でっちょう》装のものが多かったといわれている。中世末から桃山時代にかけての開板は極めて少ないが、江戸時代に入ると急激に伸びて、山上には専属の彫師や筆工、経師や摺師が多数住山しており、後には高野山の許可を得て山下で開板されていたものもあった。また江戸時代のはじめから木活字《もつかつじ》も使用されたらしく、いまも山上には約三〇〇〇個に近い木活字を遺している。高野活字板と呼んで高野板と区別している人もあるが、とにかく盛んな開板の体勢であったことがうかがえる。

近世初期には比叡山でも復興にともなう学芸活動の一つとして天海僧正による木活字を用いたいわゆる天海板（叡山板）の開板が行なわれるが、同じころ高野でも木活字による開板が行なわれ、いまも多くの板木《はんぎ》や木活字がのこされている。近世には一八五部の開板をみており、書物のほかに大師の影像なども数多く印行されたようである。近世期の高野山は所領の安定もあり、平和な時代にともなう学芸活動の一班としてみるべきものであろう。

丹生・高野両明神の影像　高野一山の地主神、真言一宗の護法神として大きな発達をみせた丹生・高野両明神に対する仏教的な法儀のかずかずは、天野においても、山上においても、年中行事としてたくさん記録されていることは上述したとおりである。そしてこれは高野山の場合にのみかぎったことではないが、社殿以外の場所で護法神や地主神に対する法楽を執行する際や、また主要な法儀を執行する際などには、そうした神々の影像をかならず道場に奉掛してまず神祇勧請の形をとってから、すべての行儀が開始されるのを例としている。比叡山における山王曼荼羅の製作、興福寺における春日曼荼羅の用途なども、みなそうした歴史的・宗教的事象を背景として発生し、発展してきたものである。高野山における両所明神画像や高野曼荼羅の製作が、これと同じ意義をもつことはいうまでもない。

高野神道の説くところでは、丹生明神を胎蔵界の中心たる大日如来に、高野明神を金剛界の中心たる大日如来に、それぞれ本地仏と定めて、密教の基本理念たる両界曼荼羅の雄大な思想構成をもって、地主神や護法神の存在意義を解こうとしている。中世以降においてとくに両所明神の存在が大きく発展したのは、こうした一宗一山の根本的な思想や理念と相交わるところがあったからにほかならない。

以下両所明神の画像を中心に、高野山における神道美術の様相を調べてみることにしよう。

まず高野明神であるが、上述したごとくこの神は丹生津比咩明神の御子神、または夫神だとされているから男神である。また時には「狩場明神」の名で呼ばれるごとく、このあたりの山住みの民の氏族的な祖先神であるとみられるところに、その土俗的な信仰発生の基盤を見いだすべきことは既述のとおりである。空海と山中で会った時には、みずから「南山之犬飼」とか、また「犬山師宮内太郎家信」とか名乗っているごとく、この猟人の姿はそのままにこの神の本性を示すものでもあろう。弘法大師の行状絵巻では高野山開創のことを述べた条りに、必ずこの狩場明神と大師との出会いの状況を描いているが、そういう場面はみな二匹の犬をつれた全く自然なままの猟師が山中で大師と向かい会っている姿で、そこには神秘的な影向といった感じは全くみられない。こうした狩人先導の自然な歴史事実が宗教説話化されると、この姿はそのままに「向神影」の姿と解されて、のちのいわゆる「狩場明神像」となり神道図像的にも固定する。

高野明神は、金剛峰寺にある最も著名な『高野明神画像』（重要文化財）であるが、図像の上では何の変哲もない狩人姿である。しかし画像は伝承のとおり、肉身は赤色、草履のごときものをはき、左手に豪弓、右手には鳴鏑《なりかぶ》の矢を持っている。右の腰には矢筒（靭）、左には煙管袋と煙草袋、黒白二頭の猟犬は相前後して随い、踏み歩む山路には緑のあでやかな草花もみえる。『勧発信心集《かんほつしんじんしゅう》』の記述に、

弘仁七年孟夏比、経暦和州宇智郡、逢一人猟者、形色深赤、身長八尺許、骨高筋太、着小袖青衣、
帯弓葥、随従黒白二犬

と書いてある形像と全く変わらない。この画像が護法神影像として礼拝の対象であることは、画面上方の円相に大きく、この神の本地たる金剛界大日の種子「バン」を金色あでやかな蓮座に描き、またその神徳をたたえた讃文が色紙型の中に書かれて、完全に神道曼荼羅化している。上方の色紙形には、

高野護法御足常裂血流
是則無勤空受信施住侶
日食時服殊以愛故也
わかすまはよもきえ
はてじたか野やまた
かきみのりののりのともしひ

と、和漢両様の讃文が書かれている。和歌は祈親上人の作と伝え、讃文の下地は金泥《きんでい》で雲文や墨竹を描いた色紙型となっている。

『丹生津比咩画像』（重要文化財）は、一幅の宮廷上臈《じょうろう》の絵姿である。あでやかな平安朝貴族の女性像、厚畳を敷いて斜左向き、袿袴を着用し、天上眉に黒髪をすべらかしたふくよかな豊頬の上臈である。奥まった障屏には倭絵風景画の洲浜が描かれ、『源氏物語絵巻』などのような平安朝倭絵世俗画

の一部をみる感じである。上襲《うわがさね》の衣は茶色地に金泥の宝相華文様、下襲の衣は青、緋色の袴を着けている。

平安時代以降の神社においては、原始的な祭祀形式（自然神道）からいわゆる社殿神道へと発展し充実するに伴って、社殿建築には盛んに宮殿風な特色をとり入れ、祭神もまた平安時代貴紳の姿をもって表現されるようになる。神像彫刻においても同様であり、おのずから宗教的儀礼の上にも、そうした宮廷的な風習というものが次第にとりこまれてくる。だからこうした姿の女神像に表現されることは、あえて丹生津比咩明神像のみの特色ではなく、これも一般的な神像類型化の傾向を示すものだというべきであろう。

茶色地に水墨風松樹と赤地に金泥花文散らしを描いた上方の色紙型には、

止住此峰之類信心決定
者必令従仏土若有無成
放逸之侶可感決定応受
之業暫列妾之使者衆可
期慈尊下生縦載角憶
持神咒

つづいて襖のほうはよく読めないが、

妾有神道望威福久也
方今菩薩到此山
妾之幸也弟子者在
人世之時食国□命
給家地以万許町献
永世□□表仰□□

と託宣らしき詞を書きつけている。胎蔵界大日の美しい金色の梵字「アーク」は、朱色の蓮座と円相にかこまれて、この絵像がやはり世俗画ではなくて礼拝の対象たる神道画であること、また前述した『高野明神画像』とは双幅をなすものであることを示している。

天野における丹生・高野両明神には、のち気比と厳島の二座が勧請されて四所明神となったことは前述したが、礼拝画像のほうでもやがてそうした四所明神を描く「高野曼荼羅」が出現する。一番著名な遺宝としては、岡山県棒沢寺《ぼうたくじ》にあって早くから国宝になっていた鎌倉時代の高野曼荼羅であるが、先年焼失してしまった。大阪府松林寺本の高野曼荼羅をみると、画面の上端に美しい四つの種子を円相中に並べてある。向かって右から胎蔵大日「アーク」、金剛大日「バン」、弥陀「キリーク」、観音「サ」、図像は上段右の女神が丹生津比咩、左の男神が高野明神、下段右の女神が気比、左の童女が厳島明神である。高野明神はこの場合は狩場明神の姿ではなく黒袍をつけた貴紳の姿に描かれるが、高麗犬の代わりに黒白二頭の猟犬がいるのはその特色である。

さきに天野社の社殿絵図として引用しておいた「高野問答講本尊」もやはり高野曼荼羅である。画面の中央には定まった弘法大師の図像を描き、その左右に黒袍をつけた高野明神、天冠・唐服をつけた丹生明神が相対するもの。画面の上部には奥院御廟の風景、下部には前に述べたような天野四所明神の風景を描き添える。この画幅はいまも毎年初秋の三〇日間にわたって、金剛峰寺本坊で行なわれる勧学会（一山学徒の試問）に際し、必ず道場に奉掛されるが、この曼荼羅を本尊として竪義問答を行なうので、こうした名称で呼ばれる。重要文化財の指定をうけている鎌倉時代の画幅である。『紀伊国続風土記』には高野曼荼羅の図像についてつぎのような記述がみえる。

丹生は天女形にて手を拱《こまね》き、団扇を持し、高野は黒袍の束帯にて冠を戴き、笏を執り給へり。

（中略）

一宮本地　胎蔵大日　女体

二宮本地　金界大日　俗体

三宮本地　千手観音　女体

四宮本地　文殊師利菩薩　童子形

これらによって考ふるに、本地の説異伝ありといへども、形影は大体現図に同く、三宮は天女形にて払子を取る。四宮は琵琶を撥せし二臂の弁財天形なり。

世に影向明神と言あり、丹生は天女形衣瓔厳麗《いえいごんれい》にて唐団《とうだん》を執り、高野は白綾闕腋《しろあやけつてき》の如き布衣に立烏帽子を著し笏を持ち給ふ。（中略）山上御社両所に御前板と称し、大師の御筆と申し伝ふ。此を拝し奉るに丹生は天女形の座像にして団扇を持ちたまひ、高野は所謂狩場明神と称する御姿なり。（下略）

大変に詳しい記述であり、現存する高野関係の神道画はまずこの記載のどれかに合致しよう。ここに興味のあることは、山上の両所明神には、社殿内にそれぞれ大師御筆と伝える「板絵神像」（御前板）が納まっていることを述べている。

『古画備考』をみると、高野明神の影向神影として、

道範和尚、仁治の比、罪なくして讃州に配流、建長元年六月、勅免をかうふり、再び帰山ありければ、高野明神よろこばせ給ひ、度々彼院正智院に影向ありて、密教を唱和し給ひけるとかや。

高野明神影向の神影といふは、此時範師の写し留められしを標準とするものなりとみえる。いまも高野一山には「宿老明神講」と呼んで、﨟次の高い僧侶が集まって結成する崇敬講があるが、その本尊として用いられているのが「影向明神」と呼ばれ、行事・画像ともにやはりこうした伝承の末につながっている。仁和寺に有する弘治三年霜月二十七日の奥書をもつ『諸神仏曼荼羅図式』には各種の「梵字神道曼荼羅」が標型的に示されているが、ここに載っている高野四所明神の梵字曼荼羅は胎金の両大日如来と、気比が千手千眼、厳島が弁財天の種字であらわされている。

高野山の年中行事

一月	一日、二日、三日	修正会	燈籠堂
	五日	修正会	大　塔
	五日	新年祈禱会	金剛峰寺
	不定	参籠論義	山王院
二月	十五日	常楽会	金剛峰寺
	二十一日	法印成満式	金剛峰寺
	下旬	法印転衣式	金剛峰寺
三月	十七日	御衣加持御修法	宝亀院
	二十一日	大師御影供	御影堂
	中日前後三日	春彼岸会	金　堂
四月	八日	仏誕生会	金剛峰寺
	十日	大曼荼羅供	金　堂
	二十一日	万燈万花会	燈籠堂

五　月	一日、二日	山王院祈禱	山王院
	三日	山王院竪精	山王院
	三日より三日間	結縁灌頂	金　堂
六　月	九日、十日	練学会	金剛峰寺
	十日、十一日	御最勝講	山王院
	十五日	宗祖誕生会	教会本部
七　月	一日	陀羅尼会	准胝堂
八　月	七日より七日間	不断経	金　堂
	十二日より三日間	盂蘭盆会	金剛峰寺
	十六日	大塔御国忌	大　塔
	二十一日より十日間	勧学会	勧学院
九　月	一日	勧学会開講	金剛峰寺（三〇日間にわたる）
	二日	勧学院登堂出仕	勧学院
	二日	一﨟事	山王院
	三日	竪精大明神迎	竪精論義者住坊
	中日前后三日	秋彼岸会（土砂加持）	金　堂

十月	不定	両所明神祭	山王院
	二十七日	諡号奉讃会	燈籠堂
十二月	二十八日	御影堂煤払	御影堂
	二十八日	御幣挟	龍光院
月並行事	毎月十六日	山王院問講	山王院
	毎月十九日	御影堂問講	御影堂
	毎月二十一日	御影供	奥院・御影堂

参考文献

〈比叡山の関係〉

『門葉記』（大正新修大蔵経図像篇・大蔵出版・昭和九年）
『阿婆縛抄』（大正新修大蔵経巻九・大蔵出版・昭和九年）
『伝教大師全集』（御遠忌事務局・大正九年）
『伝教大師将来台州目録』ほか（大日本仏教全集・仏教刊行会・大正三年）
『伝教大師伝』（三浦周行編・御遠忌局・大正十年）
『叡山大師伝』（御遠忌事務所・大正六年）
『華頂要略』（大日本仏教全書・仏書刊行会・大正二年）
『天台霞標』（大日本仏教全書・仏書刊行会・昭和六年）
『天台宗全書』（天台宗典刊行会・昭和十年〜十二年）
『叡岳要記』（群書類従・続群書類従刊行会・昭和八年）
渋谷慈鎧編『天台座主記』（比叡山延暦寺開創記念事務局・昭和十年）
宇野健一校註『新註近江輿地志略』（弘文堂書店・昭和五十一年）
『新大津市史』別巻（大津市役所・昭和三十八年）
『天台の秘宝　比叡山』（講談社・昭和四十六年）

『伝教大師研究』（同編集会・昭和四十八年）
景山春樹『比叡山寺』（同朋舎・昭和五十三年）
景山春樹『比叡山』（角川選書・昭和五十年）
景山春樹・村山修一『比叡山』（ＮＨＫブックス・昭和四十五年）
『比叡山』その自然と人文（京都新聞社・昭和三十六年）
『比叡山の美術』（「仏教芸術」第六十一号・毎日新聞社・昭和四十一年）
『明王院の碑伝』（元興寺仏教民俗資料研究所・昭和五十一年）

〈高野山の関係〉

『弘法大師全集』（密教文化研究所・大正十二年）
『真言宗全集』（同全集刊行会・昭和八年～十四年）
『高野春秋』（大日本仏教全書・仏書刊行会・明治四十五年）
『覚禅抄』（大正新修大蔵経巻五・大蔵出版・昭和九年）
『高野山順礼記』ほか（続群書類従二八・同刊行会・昭和八年）
『奥院興廃記』ほか（大日本仏教全書・仏書刊行会・大正十年）
『高野山文書』（大日本古文書家《いえ》わけ・東大史料編纂所・明治三十七～四十年）
中田宝寿編『高野山文書』（高野山史編纂所・昭和十一～十六年）
『紀伊国続風土記』第一高野山の巻（続真言宗全書刊行会・昭和三十七年）
『紀伊国名所図会』高野山の部（歴史図書社復刊・昭和四十五年）

『高野山千百年史』（高野山史編纂所金剛峯寺記念法会事務局・大正三年）
『秘宝　高野山』（講談社・昭和四十三年）
佐和隆研『高野山』（便利堂・昭和二十二年）
勝野隆信『比叡山と高野山』（至文堂・昭和三十四年）
堀田真快『高野山金剛峰寺』（学生社・昭和四十七年）
『高野山の美術』（「仏教芸術」第五十七号・毎日新聞社・昭和四十年）
五来重『高野聖』（角川選書・昭和五十年）
愛甲昇覚『高野山町石の研究』（密教文化研究所・昭和四十八年）
『高野山奥院の地宝』（和歌山県文化財学術調査報告書第六冊・昭和五十年）

比叡山・高野山比較年表

年次	西暦	一般事項	比叡山	高野山
和銅三	七一〇	平城京遷都		
天平神護二	七六七		八月十八日、最澄が滋賀郡古市郷三津ヶ浜に生まれる、幼名は広野	
宝亀五	七七四			空海が讃岐屏風浦に生まれる、俗姓佐伯氏
宝亀九	七七八		広野が近江の大国師行表について出家する	
宝亀十一	七八〇		近江国分寺で得度し最澄と名のる、一五歳	
延暦七	七八八		最澄が比叡山にはじめて小堂を建て、薬師像を祀り、一乗止観院と名づける	空海が上京し、阿刀氏について学問をはじめる
延暦十三	七九四	平安京遷都		
延暦十六	七九七		最澄が内供奉十禅師となる	空海が三教指帰を著わす
延暦二十一	八〇二		最澄が入唐還学生の許可を	

延暦二十二	八〇四		得る、四八歳 最澄が遣唐使の船で唐に渡る（七月）、明州に上陸、つづいて台州へ求法する	空海がこの年東大寺で具足戒を受け、七月同じ船団で入唐求法僧として唐に渡る
延暦二十四	八〇五		台州請来目録を作る 三月台州より明州にもどり、また越州龍興寺に行く、五月越州請来目録を作る、この年六月帰国	空海が長安青龍寺で恵果について受法する
大同元 （五月改元）	八〇六	桓武天皇崩御	最澄が天台法華宗のために年分度者を賜わることを願い出る	十月空海が帰国し、請来目録を献納する
大同三	八〇八		円仁が叡山にきて、最澄の弟子となる	
大同四	八〇九		この頃最澄と空海の間に、しばしば往復の書信が交わされている	空海が比叡山に最澄を訪れる
弘仁二	八一一		最澄が羯磨金剛目録を作る	最澄の弟子泰範が空海の弟子になる
弘仁三	八一二			空海が高雄山寺において最澄に両界曼荼羅の灌頂を授

			ける
弘仁五	八一四	最澄が東国と九州に布教する、この年円珍が讃岐に生まれる	
弘仁七	八一六		七月官符を得て空海が高野山の地を賜わり、実恵と泰範を遣わして一草庵を営ましめる
弘仁九	八一八	最澄が比叡山の四至を定め、九院・十六院を企画し、また山家学生式を定める、六所宝塔を建てる	空海がはじめて高野山に登り、禅院を営みはじめる一説には弘仁八年
弘仁十	八一九	弟子光定が比叡山に戒壇を設立することに努力する、最澄が年分学生名帳を作る	空海がこの年六月、大塔建立のために心柱材を虎峰において伐る
弘仁十一	八二〇	西塔に相輪樘を建てて、銘文を撰文する	
弘仁十三	八二二	この年六月四日最澄が五七歳で没する、一説に五六歳ともいう この月十一日付で比叡山に	

弘仁十四	八二三	大乗戒壇を設立する許可がおりる 比叡山寺に対して延暦寺の寺号を賜わる	空海が東寺を賜わり、ここを真言密教の根本道場とする
天長元（正月改元）	八二四	弟子義真が初代延暦寺座主となる	
天長三	八二六		この年正月、空海が慈尊院の政所を整備して、山下の役所とする
天長四	八二七	光定が比叡山上に大乗戒壇院を建てる	
天長六	八二九	円仁が横川の草庵にこもり、法華経の如法写経をはじめる	
天長九	八三二		金堂が落慶する、一説には承和五年ともする
承和二	八三五		真言宗のために年分度者三人を賜わり、高野山を定額寺とする、三月、空海が入寂する、六一歳

承和五	八三八		この年円仁が入唐する 長安と五台山に約十年滞留して密教学を修める	この年金剛峰寺講堂が落慶する
承和十四	八四七		円仁が唐から帰り、東塔に前唐院の学室をひらく	この年高野山の中門が落慶する
仁寿三	八五三		この年円珍が入唐する	真言宗年分度者三人を加える
仁寿四	八五四		円仁が第三代の天台座主となる	
斉衡三	八五六			空海に大僧正位が送られる
天安二	八五八	藤原良房が摂政となる（人臣摂政のはじめ）	円珍が帰国し、東塔西谷に山王院の学室をひらく	
貞観元（四月改元）	八五九		円珍が三井の地に天台別院をひらき、円珍流の学室とする	
貞観四	八六二		円仁の法華総持院が完成し、台密の根本道場となる	根本大塔修理料として稲二〇〇〇〇束を賜わる
貞観六	八六四		円仁が前唐院で死去する、七一歳	
貞観七	八六五		相応が無動寺をひらき、回峰行をはじめる	

貞観八	八六六		最澄に伝教大師、円仁に慈覚大師号がおくられる	
貞観十	八六八		円珍が第五代の天台座主となる	
貞観十七	八七五			この年大塔が完成したという
寛平四	八九二		円珍が西谷の唐院で死去する、七八歳 木彫の御骨大師像を作る	
寛平六	八九四	遣唐使を廃止する		
延喜十八	九一八		回峰行の祖相応和尚没す、八八歳	
延喜十九	九一九			観賢が金剛峰寺の座主となり、以後は東寺一長者を兼務することとなる
延喜二十一	九二一			空海に弘法大師の諡号を賜わる
延長五	九二七		円珍に智証大師の号がおくられる	
天慶二	九三九	平将門と藤原純友の乱がおこる		

天暦八	九五四	良源が横川に楞厳三昧院を建てる	
天徳元	九五七		この年二月奥院廟塔、丹生・高野両社が落慶する
康保三	九六六	良源が第一八代の座主となる	
安和元（八月改元）	九六八	良源座主が法華大会をはじめる	
天延三	九七五	良源が横川中堂を建てる	
永観二	九八四	源信が横川で往生要集を著わし、浄土信仰の民衆化をはじめる	
永観三	九八五	良源が横川定心坊で没する。のち慈恵大師の号がおくられる	
正暦五	九九四	この頃円珍門徒が三井寺に移る	根本大塔に落雷、御影堂を除く諸堂がみな焼失する
長保三	一〇〇一	源信が横川に華台院と霊山院を建てる	
長和五	一〇一六		この年祈親上人によって「貧者の一燈」がともされ

				る
治安三	一〇二三			藤原道長が高野山に登り、書写の経典を埋納する
長暦三	一〇三八		この前後から山門と寺門の抗争が次第にはげしくなる	
永承三	一〇四八			藤原頼通が高野山に登る
永承六	一〇五一	前九年の役おこる		
永保元（二月改元）	一〇八一		日吉祭礼の日、山寺両門徒争乱、六月には山徒が三井寺を焼く、以後数十年にわたってつづく	藤原師実が高野山に参詣する
応徳三	一〇八六			国宝の涅槃図が描かれる
寛治二	一〇八八	この頃から院政がはじまる		白河上皇が高野山に参詣され、阿闍梨三口を施入される
寛治五	一〇九一			白河上皇が再度高野山に御幸、奥院に経典を埋納される
寛治七	一〇九三			別所聖のはじまり
承徳三	一〇九九			藤原師実が高野山に登り奥

				院に埋経する
康和五	一一〇三			十一月に大塔そのほかが落慶する
長治二	一一〇五		神輿強訴のはじめこれより数十年間にわたって数十回の強訴が行なわれる	
天治元（四月改元）	一一二四			鳥羽上皇が御幸され、奥院に写経等を埋納される
大治二	一一二七			白河・鳥羽の両院御幸、東西両塔の落慶が行なわれる
保延六	一一四〇			大鳥居を廃して大門を建てる
久安五	一一四九			雷火によって大塔以下の堂塔焼亡、保元元年には復旧する
安元元（七月改元）	一一七五	法然が浄土宗をひらく		
建久二	一一九一	栄西が臨済宗をひらく		
建久三	一一九二	頼朝が鎌倉に幕府をひらく	この頃慈円が天台座主になる	
建永二	一二〇七			後鳥羽院が高野に御幸

建暦元（三月改元）	一二一一			北条政子が頼朝菩提のために金剛三昧院を建立する
貞応二	一二二三			金剛三昧院多宝塔が完成する
元仁元（十一月改元）	一二二四	親鸞が浄土真宗をひらく	元仁二年慈円が小島坊に没する	
嘉禎三	一二三七			大門に湛慶作の二王像を安置する
建長五	一二五三	日蓮が日蓮宗をひらく		高野坂の三教指帰が開板される
文永二	一二六五			覚斅が町石の建立を発願する
文永十一	一二七四	文永の役が起こる		
建治元	一二七五	一遍が時宗をひらく		
弘安四	一二八一	弘安の役が起こる		波切不動を筑前に移して、敵国降伏を祈念する
弘安八	一二八五			町石が完成する
正和二	一三一三			後宇多法皇が参詣される
嘉暦二	一三二七		護良親王が天台座主となり、尊雲法親王と呼ぶ	
建武元	一三三四	建武中興		後醍醐天皇の勅願により愛

（正月改元）				染堂を建立する
明徳三	一三九二	南北両朝の合一成る		
応永十四	一四〇七			山王院の竪精大会をはじめて行なう
永享五	一四三三		この年、久しぶりに神輿強訴が行なわれる、衆徒と堂衆の争乱により、山上の坊舎ほとんどが焼失する	
永正十八	一五二一	八月大永元年となる		伽藍、寺家三百余宇、衆徒行人方僧坊三千九百余を焼失する
天文二	一五三三			御影堂を造営する
元亀二	一五七一		九月十二日。織田信長の兵火により三塔十六谷・山王二十一社を焼失する	
天正九	一五八一			織田信長が高野聖一三八三人を捕えて殺す
天正十二	一五八四		秀吉より山門再興の許可を得る	
天正十三	一五八五			この年、寺領三千石の安堵をうける

文禄三	一五九四			豊臣秀吉が登山する
文禄四	一五九五			豊臣秀次が青巌寺で自害する
慶長元（十一月改元）	一五九六		秀吉より山門領一五〇〇石を得る	
慶長二	一五九七			永正十八年焼亡の大塔がこの年に復興する
慶長四	一五九九			石田三成が母の追善として奥院に経蔵を造り、高麗版一切経を納める
慶長五	一六〇〇	この年関ヶ原の合戦	家康より山門領三五〇〇石加増される	
慶長六	一六〇一			寺領二万石を家康よりうける
慶長八	一六〇三	家康が江戸幕府をひらく		
元和四	一六一八			六時鐘楼ができる
寛永元（二月改元）	一六二四		天海が上野に寛永寺をひらく	
寛永七	一六三〇			大塔以下主要の堂塔が焼ける。復興は江戸時代になってから次第に行なわれる

寛永十九	一六四二		根本中堂が再建される	
寛永二十	一六四三		天海没し、慈眼大師の号を賜わる	
慶長二	一六四九			学侶・行人・聖方の法度を定める
天保十四	一八四三			金堂・大塔がまた焼ける、大塔は昭和十二年まで建たず
明治元（九月改元）	一八六八	明治維新	神仏分離により、日吉社東照宮などを分離する	
明治五	一八七二			大政官布告をもって女人禁制を解く
大正十五	一九二六			金堂・経蔵など焼失
昭和七	一九三二			金堂落慶
昭和十二	一九三七			天保十四年に焼亡した根本大塔が落慶する

『比叡山と高野山』を読む

嵯峨井　建

本書は比叡山と高野山、最澄と空海、この聖地をめぐるおおきな二つの山、二人の祖師をとりあげた入門書といえよう。日本の宗教文化に関心をもつものにとってこれらは無視できない存在だ。この両山、両師のそれぞれをとりあげる研究書は多いが、たとえば最澄と空海をライバルとみての人物論、宗派論、文化論をのべるものはある。しかし双方を視野に入れ比べた書はあっても、二人の祖師がふみこんだ険しい山道、山中に建立された堂塔や著作、絵画、行事、門弟たちが著作など、巨きな宗教文化の全体を俯瞰したものはすくない。また要所を掘り下げ、しかも具体例をあげ手際よくまとめられている。

景山氏には二十冊をこえる単著・共著があり、論文をくわえると膨大なものがある。神道美術の樹立者として知られる氏は、その方面の案内書も執筆されるなど多方面にわたっている。生前、たまりかねた私が「先生の学問はなんですか」といささか失礼な質問をしたところ、ためらいもなく即座に

「宗教文化史だね」とこたえられた。理解が及ばなかった私は啓示をうけたように了解した。この宗教文化史をスタンスとされる氏の著作である本書は比叡山と高野山、そして最澄と空海に関心をもつ人々にとって良き道案内書である。かくいえばガイドブックにもきこえるが、内容はけっして軽くない。葛の花 踏みしだかれて、色あたらし。この山道を行きし人あり――とはいうまでもなく折口信夫の名歌である。両山と両師をあおぎ入山しようとするものにとって、踏み分けゆく山道を行きし人あり、すなわちその先達は景山氏でありこの本書だとおもう。「はじめに」のなかで「双方の山寺について、思うところを述べて相似性と相対性を見出して行きたい」とのべている。奥深い二つの山を辿りまさに「この道」に踏み込もうとするとき、こよなき手引書となろう。なによりも本書の利点は、くりかえし実地に臨んだ長年にわたる調査、研究といった学殖に裏打ちされていることだろう。氏は昭和六十年七月に逝去されて久しいが、けっして内容は色あせていない。これには氏の学問形成の環境がおおきく作用していることは見逃せないし、また本書の強みでもある。

あらためて、著者景山春樹氏の学問形成の履歴をのべる。氏は滋賀県大津市坂本本町に育ち「私の家すじは比叡山延暦寺の家来で山徒とか公人などと呼ばれる、いわば僧兵の末裔である。初代は元亀の兵乱に比叡山方として出陣し、敗戦のうちに戦死をとげているから、いわば山門譜代の臣である」とのべる。景山家は比叡山延暦寺の公人として本能寺の変以後、近世をつうじ半僧半俗の立場で復活した山門の政治的、経済的な実務を担当した家柄であった。さらに同家は当時の山門の管轄下にあった日吉社の山王祭の運営、祭礼の実施にも采配をふるった。祖父景山大学は明治初年（一八六八）の神仏分離の狭間に苦慮、日吉社側に立ったことが『神仏分離史料』に記されている。つまり氏は幼少より比叡山をあおぎ時には山に登り鋭敏に神仏関係を意識し研究をはぐくみ深めたのである。いっぽう高野山にも山道を辿り調査、研究をふかめられた。こうした両寺だけでなく神仏関係をめぐる背景が本書の執筆にいかんなく発揮されているのである。

本書は1比叡山寺、2高野山寺と二つに章立てする。この比叡山寺、高野山寺という名称はめずらしいが、双方の山寺ともしるし、要は山寺《さんじ》、やまでら、の表記にこだわりがあり、二つの山寺の性格をいいあてている。氏には『比叡山寺　その構成と諸問題』（同朋舎、一九七八年）と題する著作がある。

最澄は二十歳で入山のあと渡唐、空海は渡唐のあと四十二歳で入山。二人は同じ遣唐船に乗るものの入山の年齢と時期がことなり、同じ山の仏教といいながら違いがある。空海は洛中の東寺など官立寺院を建立するいっぽう市井の仏教をひろめ壮年で高野山に入るが、最澄は青年の日に比叡山に入り渡唐のあとふたたび入山している。一宗開示の場があくまで御山であり山の仏教と称されるゆえんである。海抜八〇〇メートル前後、山修山学、論湿寒貧と称するきびしい自然環境のなかでの学問、籠山制やのちの回峯行など行門を生んだ。これに代表的な詩歌を挙げながらゆたかに描き出す。とくに注目されるのは草庵に始まる一乗止観院の成立と発展である。いま、ふりあおぐ根本中堂の壮大な堂舎をもって当初からの佇まいとみがちであるが、はじめは最澄自刻とつたえる薬師仏を草庵にまつった。これを薬師堂として中央に、左方に文殊堂、右方に経蔵を小規模に造立したのが最澄在世中の初期形態であった。その一世紀あと円珍の時代にこれら三堂を九間の大堂におさめ、さらに半世紀をへて良源の時代に右方の経蔵を虚空蔵尾へ移し、替わって宗祖最澄を大師堂としてまつった。それから元亀の厄難はあったものの一一〇〇年をこえた今日まで根本中堂の基本形態を守り変わらない。この発展過程を「一乗止観院変遷図」として若干の解説をくわえてかかげる。簡単にみえて、じつは巨大な比叡山延暦寺の発展してきた核心部分、教学の根本形態をしることができるのである。どんな伽藍、社殿をもった寺院神社であっても、当初から発展へ、そして変貌を重ねるが、私も必ずこうした作業をすることにしている。本書から学んだ一点である。こうした経緯をへて確立した本堂内陣の石の間のほの暗い空間に、今も不滅の法灯がまたたき三つの堂が鎮まる。

つづいて法華堂・常行堂などの西塔、円仁による根本如法堂・横川中堂などの横川、この三塔は堂塔を周辺の谷々に十六谷を配して、これら三塔を中心とし教学・教派・宗政・経済を形成する。くわえて別院の比良山裏の深い谷間にある葛川明王院と地主神社にはページの多くをさく。回峯行の祖・相応和尚がひらいた天台回峯の行場として、地主神社も静かに鎮まる葛川谷の佇まいは魅力的である。著者は昭和三十年代に中村直勝・小牧実範・村山修一・近藤豊らとともに葛川谷へ調査に入り報告書を執筆している。ハードな回峯行の実態、重要文化財に指定された三間社春日造りの本殿と幣殿・末社・神像群・釣灯籠・石造宝塔などをあげ、葛川明王院の神仏相関の姿をえがく。なによりも著者の真骨頂というべきは「比叡山の美術」「門前町坂本とその文化財」であろう。信長の比叡山焼打ちをかいくぐって伝来した最澄ゆかりの品々、山上山下の堂塔、仏像、祖師像、仏画、仏具、さらには麓の強訴で知られた日吉社の神輿にいたるまで重要なものをとりあげる。なお終わりの「比叡山の年中行事」は根本中堂だけでなく一山全体の主要行事をあげて有益である（なお日時変更もあり注意を要する）。

2高野山寺では、奥ぶかい高野山の宗教的環境からのべる。最澄とともに渡唐した空海の前半生あまりは省略する。冒頭から入山をとりあげ簡明な『古事類苑』『紀伊国続風土記』『紀伊国名所図会』などの一節を引用し記述するが、これ自身すでに古典であり味わいぶかい。空海の入ったのは重畳たる高野の地であるが「高峰環合の地」という『紀伊国続風土記』のキーワードをかかげ古い地名を列挙、ついで「神の山と仏の山」と題して草創の高野・丹生の神々との出会いをのべる。平安京の大寺・東寺に鎮守八幡宮を祀り、高野山にいたっては高野・丹生両神にみちびかれ伽藍を建立する。真言密教の道を切り開いてゆく空海のゆくところかならず神あり、地主神・護法神としてまつる。このように最澄そして空海がいわば自明のこととして日本の神祇に対処した二人の先駆者が日本宗教にもたらした影響ははかりしれない。天台と真言、比叡山と高野山、踏み入れた山道は違ったが相呼応するごとく対処した神への行動、作法は同じだった。景山氏は高野・丹生の神々をまつる天野の丹生都比売神社、また壇上の天野社の祭神・神職組織・行事について言及する。また空海が構想した胎金両界をかたどる大塔と西塔、講堂をここでも「金剛峰寺伽藍配置図」として掲げる。のち中央に御影堂が門弟たちによって建立される。これらの建築はいくたびか雷火で焼失するも再建された。こうした主要な堂塔について本尊・建築、行われる法儀、信仰の姿を詳述する。とりわけ独自の山王院で奉修される竪精論議は壇上の高野・丹生の神前、山王院で朗々と論議をかわされる。三十余年前、本書により参山し法儀を目の当たりにした感銘はいまも忘れがたい。

空海にとって高野山は密教の修法とその伝法の場であったが、入定の地でもあった。いわゆる奥の院にいたる鬱蒼たる巨木のあいだを埋め尽くす石塔、供養塔の多さに圧倒されるが、その最奥に弘法大師の御廟がある。ここでも『紀伊国名所図会』のしるす古伝承を引用する。空海入定の聖地であり、この周辺から宝篋印塔、白鳳期の銅版阿弥陀三尊像、経塚遺品一括、経巻・供養目録が発見されていることも本書によって知った。つづけてこうした高野山の各所に襲蔵していた空海将来の秘宝、絵画、彫刻、書蹟、とりわけ高野・丹生両神の曼荼羅については、その誕生と生きた儀礼に今なお用いられている事にも言及する。神道美術を唱導した著者ならではの記述である。その末尾に山上各所の年中行事をかかげるのは信仰の生きた証しを掲げて有益である。

じつは本書は事実上、著者最後の著作である。おもわぬ病によって急逝されたが遺作とされる『舎利信仰　その研究と史料』（東京美術、一九八六年）は、生前に間に合わず霊前にそなえられたものであった。くりかえしになるが本書は比叡山と高野山、最澄と空海にまむかう人にとってこよなき入門書である。そして踏みしだかれた、この山道を行きし人、景山春樹師のみちびきの書である。

（京都國學院講師）

本書の原本は、一九八〇年に教育社（現ニュートンプレス）より刊行されました。

著者略歴

一九一六年　滋賀県に生まれる
一九三九年　國學院大学文学部国史学科卒業
京都国立博物館学芸課長、帝塚山大学教授を歴任
一九八五年　没

〔主要著書〕
『神道美術の研究』（山本湖舟写真工芸部、一九六二年）、『近江路　史跡と古美術の旅』（角川文庫、一九六七年）、『仏教考古とその周辺』（雄山閣出版、一九七四年）、『神像』（ものと人間の文化史、法政大学出版会、一九七六年）

読みなおす日本史

比叡山と高野山

二〇一五年（平成二十七）十月一日　第一刷発行

著　者　景《かげ》山《やま》春《はる》樹《き》
発行者　吉川道郎
発行所　株式会社　吉川弘文館
郵便番号一一三―〇〇三三
東京都文京区本郷七丁目二番八号
電話〇三―三八一三―九一五一〈代表〉
振替口座〇〇一〇〇―五―二四四
http://www.yoshikawa-k.co.jp/
組版＝株式会社キャップス
印刷＝藤原印刷株式会社
製本＝ナショナル製本協同組合
装幀＝清水良洋・渡邉雄哉

ISBN978-4-642-06593-1

読みなおす
日本史

刊行のことば

現代社会では、膨大な数の新刊図書が日々書店に並んでいます。昨今の電子書籍を含めますと、一人の読者が書名すら目にすることができないほどとなっています。ましてや、数年以前に刊行された本は書店の店頭に並ぶことも少なく、良書でありながらめぐり会うことのできない例は、日常的なことになっています。

人文書、とりわけ小社が専門とする歴史書におきましても、広く学界共通の財産として参照されるべきものとなっているにもかかわらず、その多くが現在では市場に出回らず入手、講読に時間と手間がかかるようになってしまっています。歴史の面白さを伝える図書を、読者の手元に届けることができないことは、歴史書出版の一翼を担う小社としても遺憾とするところです。

そこで、良書の発掘を通して、読者と図書をめぐる豊かな関係に寄与すべく、シリーズ「読みなおす日本史」を刊行いたします。本シリーズは、既刊の日本史関係書のなかから、研究の進展に今も寄与し続けているとともに、現在も広く読者に訴える力を有している良書を精選し順次定期的に刊行するものです。これらの知の文化遺産が、ゆるぎない視点からことの本質を説き続ける、確かな水先案内として迎えられることを切に願ってやみません。

二〇一二年四月

吉川弘文館

読みなおす日本史

飛　鳥 その古代史と風土　門脇禎二著　二五〇〇円
犬の日本史 人間とともに歩んだ一万年の物語　谷口研語著　二一〇〇円
鉄砲とその時代　三鬼清一郎著　二一〇〇円
苗字の歴史　豊田　武著　二一〇〇円
謙信と信玄　井上鋭夫著　二三〇〇円
環境先進国・江戸　鬼頭　宏著　二一〇〇円
料理の起源　中尾佐助著　二一〇〇円
暦の語る日本の歴史　内田正男著　二一〇〇円
漢字の社会史 東洋文明を支えた文字の三千年　阿辻哲次著　二一〇〇円
禅宗の歴史　今枝愛真著　二六〇〇円
江戸の刑罰　石井良助著　二一〇〇円

地震の社会史 安政大地震と民衆　北原糸子著　二八〇〇円
日本人の地獄と極楽　五来　重著　二一〇〇円
幕僚たちの真珠湾　波多野澄雄著　二二〇〇円
秀吉の手紙を読む　染谷光廣著　二一〇〇円
大本営　森松俊夫著　二二〇〇円
日本海軍史　外山三郎著　二一〇〇円
史書を読む　坂本太郎著　二一〇〇円
山名宗全と細川勝元　小川　信著　二二〇〇円
東郷平八郎　田中宏巳著　二四〇〇円
昭和史をさぐる　伊藤　隆著　二四〇〇円
歴史的仮名遣い その成立と特徴　築島　裕著　二二〇〇円

読みなおす日本史

時計の社会史　角山　榮著　二二〇〇円
漢　方　中国医学の精華　石原　明著　二二〇〇円
墓と葬送の社会史　森　謙二著　二四〇〇円
悪　党　小泉宜右著　二二〇〇円
戦国武将と茶の湯　米原正義著　二二〇〇円
大佛勧進ものがたり　平岡定海著　二二〇〇円
大地震　古記録に学ぶ　宇佐美龍夫著　二二〇〇円
姓氏・家紋・花押　荻野三七彦著　二四〇〇円
安芸毛利一族　河合正治著　二四〇〇円
三くだり半と縁切寺　江戸の離婚を読みなおす　高木　侃著　二四〇〇円
太平記の世界　列島の内乱史　佐藤和彦著　二二〇〇円
白　隠　禅とその芸術　古田紹欽著　二二〇〇円
蒲生氏郷　今村義孝著　二二〇〇円
近世大坂の町と人　脇田　修著　二五〇〇円
キリシタン大名　岡田章雄著　二二〇〇円
ハンコの文化史　古代ギリシャから現代日本まで　新関欽哉著　二二〇〇円
内乱のなかの貴族　南北朝と「園太暦」の世界　林屋辰三郎著　二二〇〇円
出雲尼子一族　米原正義著　二二〇〇円
富士山宝永大爆発　永原慶二著　二二〇〇円
比叡山と高野山　景山春樹著　二二〇〇円
日　蓮　殉教の如来使　田村芳朗著　（続　刊）
伊達騒動と原田甲斐　小林清治著　（続　刊）

吉川弘文館
（価格は税別）